SABER COCINAR

Sergio Fernández • Mariló Montero

SABER COCINAR

Recetas y trucos de **la mañana 1**

temas'de hoy.

ESPASA

tve

Ediciones Temas de Hoy es un sello de Ediciones Planeta Madrid, S. A.

Diseño de cubierta y de interiores: Rudesindo de la Fuente
Fotografía de cubierta: Nines Mínguez
Fotografías de interior: Marcos Rosende
Depósito Legal: M. 1.603-2011
ISBN: 978-84-670-3609-1

Espasa, en su deseo de mejorar sus publicaciones, agradecerá cualquier sugerencia que los lectores hagan al departamento editorial por correo electrónico: sugerencias@espasa.es

Impreso en España/Printed in Spain
Impresión: Unigraf, S. L.

El papel utilizado para la impresión de este libro es cien por cien libre de cloro y está calificado como **papel ecológico.**

Espasa Libros, S. L. U.
Ediciones Planeta Madrid, S. A.
Paseo de Recoletos, 4
28001 Madrid
www.espasa.com

No te canses nunca de estar empezando siempre.
Padre Tomás Morales S.J.

PRÓLOGO

Mi última cocina

Nadie como la Real Academia Española ha tenido la habilidad de captar la mejor definición de lo que para mí ha sido siempre una cocina: 'Una pieza o sitio de la casa en la cual se guisa la comida'.

Mi primera cocina me la regaló mi tía Lola cuando era pequeña. Tan pequeña que no era ni adolescente. Supongo que lo hizo con la clemente intención de que me iniciara en los fogones. Estaba fijada sobre una pared de cartón duro. Para aquellos tiempos era moderna, porque, además de venir de París, traía armarios rojos a la última, donde estaban encastrados los electrodomésticos. Despensas con puertas abatibles donde se apilaban pequeños pucheros entre las que se encajaba un extractor de humos metálico. En la parte de abajo no faltaba la fregadera, cuyo grifo manaba agua corriente si soplabas a escondidas por un tubito unido a un pequeño depósito oculto. Una joya fascinante que me duró medio día, justo cuando se acabó el almacén de agua para lavar los platitos. Abandoné la cocina un momento y fui a la carrera hasta la cocina real de mi madre para rellenar de agua mi depósito y así poder seguir jugando a fregar.

Pero mi relación y futuro destino con la cocina lo escribirían mis tres hermanos varones, unos auténticos chicazos, brutos como ellos solos, quienes solo sabían pegarle patadas a cualquier objeto que veían apoyado en el suelo de la huerta. Ellos fueron también mis maestros en toda clase de divertimentos, que consistían en clavar el hinque sobre la tierra, cortarle el rabo a las lagartijas y limpiarnos los mocos con la manga. Cuando no era eso, jugaban al fútbol con las cabezas de mis muñecas. El caso es que cuando llegué a la parte trasera de mi casa real, o sea, a la huerta donde había enclavado mi maravillosa cocina, no vi más que el ondear violento del columpio donde jugábamos habitualmente mis hermanos y yo. Era como la zona cero, pues no quedaba ni rastro tras una polvareda provocada por los indios en plena huida. La cocina no apareció en varios días porque mis hermanos se debieron de jurar con sangre silencio eterno. Hasta un día en que mi padre, limpiando rastrojos con la azada, descubrió que algo había enterrado bajo el columpio. ¡Eureka! La cocinita de Mariló. Mis hermanos llevaron las orejas coloradas al colegio durante una semana. La cocina, bastante deteriorada, fue rescatada de las entrañas de la tierra y mi fascinación por ella se quedó en lo hondo de esa mina de decepciones: la tierra.

La segunda cocina que recuerdo es, claro, la de mi casa. La de mi santa madre. Era enorme y con muebles como los del primer *Cuéntame* repartidos con mimo por esa sagrada sala. Había una cocina de leña —donde me quemé las huellas dactilares de los dedos de la mano cuando cumplí un año de edad— en la que mi madre pasaba largas horas. Recuerdo la nevera y, en su interior, el requesón que hacíamos con la leche que la lechera nos traía de sus vacas recién ordeñadas desde el vecino pueblo, Villatuerta, o las natas que comíamos rebozadas con azúcar. O cómo los cangrejos que pescábamos con reteles en el molino de Noveleta de mi tío Luis se iban poniendo *coloraos* cuando los cocinábamos.

Me hipnotizaba ver cómo el hervor del agua tornaba su color sonrosado en rojizo. Durante su cocción me entretenía en imaginar sus vidas y si habrían podido despedirse de sus vecinos de la zona. La verdad es que siempre que volvíamos al río había cangrejos, por lo que, siendo niña, creía que siempre eran los mismos, sin relacionar más tragedias.

Tengo la habilidad de pasar la lengua por las comisuras cerebrales de mi propia memoria para volver a poner ante mí el sabor del atún con tomate de mi madre, su carne en salsa o las verduras que preparaba, tan soberbias. Ella intentaba que aprendiera a cocinar, pero cada vez que conseguía sentar a ese par de trenzas traviesas en la mesa de la cocina para, por ejemplo, separar lentejas, yo terminaba dibujando retratos a lapicero sobre la mesa en la que después comeríamos.

La tercera cocina era también en otra casa de mis padres. Mi participación en ella se limitaba a ingerir con fruición todo lo que mi madre nos ponía por delante. No fregaba. Por mucho empeño que yo pusiera, mi madre se ponía de los nervios, porque cada vez que pretendía lavar los platos antes de irme al instituto, lo hacía con dos dedos para no mancharme las manos.

De manera inexplicable, y digo bien, porque aún no he sido capaz de entender el porqué, me entró en esa época un gusto irrefrenable por hacer postres. ¡Oye, que no paraba de hacer crema catalana! Quizá me sedujera ese pesado hierro redondo con un gran palo largo que se utiliza para quemar el azúcar. Claro, aquello era un objeto rudo de hierro que humeaba y yo soy más de taladrar que de cocinar. En eso salí a papá. Alcancé un dominio sobrenatural para hacer cremas catalanas que desapareció de inmediato, ante el primer piropo. Pensé que el elogio me esclavizaría a tener que hacerlo siempre, así que hui despavorida de una posible esclavitud. Por algún sentimiento fetiche, conservo aquella plancha de quemar azúcar para la crema catalana y hoy día la miro con cierta nostalgia, como la bruja que se mira al espejo para preguntarle quién es la más bella. Miro la plancha y, antes de que me pregunte algo, yo le respondo: «¡La otra!».

Por mi vida han pasado otras muchas cocinas a las que he tratado de usted. Eso sí, con cierta cortesía y deferencia, pero sin caer nunca en la familiaridad. Nos hemos respetado bien mutuamente, pero sin perder nuestra propia dignidad. Las he mantenido limpias, con alguna pechuga de pollo dentro de la nevera para que se sintieran útiles y conservaran algo de nobleza. Me lo agradecían más cuando tenía la precaución de colocarles un par de huevos y algún yogur para que hubiera cierta convivencia alimentaria. Alimentos con los que yo sobrevivía. Me salía más barato comer en el mesoncito de debajo de mi casa que hacer la compra, pues siempre me enredaba en llenar la cesta de cosas cuyo destino nunca era un puchero o una sartén.

Jamás me puse a descubrir la ciencia inexacta de convertir en blando algo tan duro como es un garbanzo. O transformar en apetecible una carne cruda de pescado enrejado en espinas que hasta hace pocos minutos había estado surcando mares que habíamos compartido. El pececillo con sus escamas y yo con mi bañador.

Hasta que me casé, la cocina había sido un lugar donde colocar la nevera para guardar fruta que aportara colorido a ese armario tan frío junto a la leche para el desayuno. En una ocasión metí la taza para calentar mi desayuno y del microondas salieron más chispas que en las Fallas de Valencia. Lo miraba y no entendía nada. Pero ¿acaso no era para eso? Así que después de aquella rebelión me rendí. Comer en casa de tus primos o en restaurantes era mi salvación. Soy muy buena comiendo todo lo que me ponen delante.

Mis hijos saben que, cuando su padre está de viaje, la incertidumbre del hambre sobrevuela por sus vísceras. En el fondo me sale el eco de mi propio padre cuando dejábamos restos en el plato. Nos recordaba entonces la necesidad que él pasó tras la guerra. La parte positiva es que, en cierta forma, estaba manteniendo la memoria del abuelo en el estómago de mis hijos. ¡Es un valor que sepan lo que es la escasez! Un día estábamos solos en casa. Como los biberones o los potitos ya no eran excusa para alimentar a mis hijos, pues cursaban la ESO, me llené de valor para entrar a la cocina y preparar una reconfortante sopa. Me dije, mientras inspiraba profundamente: «¡Mariló, tú puedes!».

Recordé que mi hija se había vuelto loca con una sopa que le había hecho mi tía Floren en una de sus visitas a mi casa, pero soy tan mala en la cocina que quien viene sabe que tiene que hacer de comer. En cierta ocasión, por sorpresa, se presentó un buen amigo en casa. Era la hora de hacer la cena a los peques y nuestra conversación se iba comiendo las rayitas del reloj mientras crujían los estómagos de mis retoños. Él terminó preparando la cena. Pues eso, soy muy buena contratando cáterin, me dejo mimar por la señora que nos cuida en casa y me aterra que alguien venga por sorpresa a cenar si Carlos, mi marido, no está.

Continúo con lo de la sopa de mi tía. La cocina estaba a oscuras. Encendí la luz con la pretensión de que me abdujera la mente de un chef y busqué en los cajones donde podrían estar los pucheros, pero juro que no se me ocurría qué hacer con ellos y qué había que meter en esas barrigas metálicas tan hondas y vacías. Lo primero que hice para preparar la sopa fue coger el teléfono, marcar los números y rezar para pillar a mi tía en su casa. Al fin, me respondió. Le pedí que me explicara la receta. Tomé nota mentalmente y emprendí el experimento como una clase de pretecnología del colegio. Aquello se iba poniendo muy negro. Pero tan negro tan negro que apestaba a quemado cuando se quedó seco el fondo del puchero, el cual tuve que tirar a la basura. La volví a llamar, porque, eso sí, aplicada soy, y seguí su pormenorizado relato con el teléfono pegado a la oreja, obedeciendo con disciplina cada uno de sus pasos hasta que aquello culminó. Por supuesto, cuando mis hijos se la comieron preguntaron que qué era aquello, a lo que respondí, confiada, que era la sopa de la tía Floren. Me contestaron que cuándo regresaba papá.

Adoro las cocinas. Me fascina comprarlas, decorarlas. Me entusiasman las tiendas con menaje de cocina porque adorno las mesas como nadie. Esa es mi habilidad. Y la que adquirí después de casada: fregar a la velocidad de una centrifugadora, puesto que mi marido cocina bien pero mancha mejor. Él también me ha sufrido mis escarnios. En mi empeño por recoger la cocina para que no se nos coman los cacharros, le he tirado caldos que había preparado para sus arroces, o salsas que yo había confundido con agua sucia. Confieso que ha sido dura la convivencia en la cocina, un territorio comanche.

Mi última cocina. El 24 de agosto de 2009 llegó a mi vida Sergio Fernández. O yo a la suya, porque, de ser un prestigioso cocinero, ahora se ve obligado a mantener su acreditado nombre a pesar de mis trastadas. Creo que le ha salido un ojo solo para vigilarme a mí mientras realiza sus obras de arte durante nuestro programa, que se emite a diario en Televisión Española: «La mañana de La 1». Es como si tuviera que sobrevivirme cada día. Si ya es difícil seducir con un plato al espectador para que este quiera reproducirlo en su casa, imagínese lo que es tener que ir salvando los escollos que le voy causando a cada instante.

He tenido la habilidad de hacer que salga fuego de una vitrocerámica, de comer levadura porque no sabía qué era aquel extraño ingrediente que Sergio presentaba, de quemarle los sofritos, de quitarle alimentos de la mesa en mi obsesión por que se vea limpia la cocina para mantener la imagen de pulcritud ante el espectador, de ver cómo el zumo se cae sobre la encimera porque he olvidado poner el vaso bajo la licuadora, de invertir el orden al echar los ingredientes en la olla y que se cuezan al revés, o de que se me caiga la blackberry dentro del bol de huevo batido mientras hacíamos la sesión fotográfica para la portada de este libro.

No sé si Sergio terminará preguntando, como lo hicieron mis hijos en su día, algo así como: «¿Hasta cuándo voy a tener que soportar a esta patosa en mi cocina?». Sergio, además de ser el mejor cocinero de la televisión en España, de tener una envidiable cualificación profesional, cuya rica experiencia ha adquirido en Francia y en nuestro país, de ser un profesor para nuevos artistas culinarios, de ser capaz de cocinar cada día él solo, sin ayuda —más bien al contrario—, de inventar trucos llamativos y conseguir que su cocina sea un bum televisivo, además de todo eso, digo, es una bellísima persona. Se le ve en la bondad de su mirada y en la lealtad de su comportamiento. Consigue que en televisión se reproduzca el ambiente ideal que debería vivirse en cada cocina de nuestros hogares. Ser una familia y saber cocinar juntos para comer mejor.

Para mí ha sido un descubrimiento que Sergio Fernández se cruzara en uno de mis caminos, ya que ahora cocinar me relaja y enorgullece. Me entusiasma ir al mercado, chuleta de papel en mano, para no olvidar ningún ingrediente. Picar todos los alimentos para colocarlos en orden y disponerlos como él lo hace en televisión. Lo he hecho varias veces en casa hasta que me piropearon. Eso sí, ahora pico los alimentos como si me hubieran injertado un motor en la muñeca. Ignoro mis futuras relaciones con expectantes cocinas que seguiré decorando como uno de los lugares privilegiados de la casa donde se crea el hogar, donde se nutre la familia gracias también a los múltiples discursos que se tejen entre las volutas y aromas que surgen de los platos.

La cocina es el corazón de una casa. Con sus gavetas y departamentos por donde fluyen los aromas de la vida. El núcleo donde bombea a borbotones nuestro espíritu gracias a la energía del calor de los fuegos que van hirviendo alimentos, convirtiendo lo crudo de la tierra, el aire o el mar en algo tierno que nos sostiene la vida. La morada para la paz del nido. El lugar en el que se cuecen los sabores y sinsabores del individuo. Armarios donde ollas, sartenes y alimentos esperan ser bien dirigidos por un artista de la buena mesa, capaz de extraerles los secretos de sus semillas para hacernos felices desde esa sagrada sala.

La cocina es el espejo de nuestros hogares. Una cocina vacía es la representación de la tristeza por la soledad del hombre. Una cocina comunitaria es la revelación de la unión de la tribu que enreda sus conversaciones como un plato de espaguetis. Es la capilla para el ser humano donde nos dejamos invadir por la seducción de los sabores como uno de los mayores placeres de la vida, que es comer. Comer entre amigos y en familia. Esa es y será mi última cocina: el corazón de una casa donde se fabrica el amor.

Mariló Montero

RECETARIO

RECETARIO

LUNES	MARTES	MIÉRCOLES	JUEVES	VIERNES
Dorada a la sal con finas hierbas	*Berenjenas rellenas con verduras gratinadas*	*Secreto ibérico con salsa de naranja*	*Tortilla de verduras con san jacobos de calabacín*	*Judías blancas con codillo y alcachofas*

Judías verdes salteadas con beicon	*Tallarines con salsa de albahaca*	*Lentejas con pollo*	*Conejo con pasas al brandy*	*Almejas al vino blanco*

Coliflor rebozada con salsa de marisco	*Cuartos de pollo rellenos*	*Guiso de garbanzos y espinacas*	*Crema de mariscos*	*Pasta en salsa de azafrán y frutos secos*

Pisto con muslitos asados	*Judías blancas con salteado de marisco*	*Solomillo de cerdo a la frambuesa*	*Bacalao al pilpil con verduras asadas*	*Arroz con sepia y salsa alioli*

LUNES	MARTES	MIÉRCOLES	JUEVES	VIERNES
Cocido de garbanzos con berberechos	*Bacalao con salsa de setas*	*Sopa castellana con calabaza*	*Raviolis en salsa de nueces*	*Pierna de cordero asada con dátiles*

Crema de calabaza, setas y huevo	*Rape en salsa de cangrejos*	*Huevos a la cazuela con judías y chorizo*	*Jamoncitos de pollo al cava*	*Garbanzos con gambas a la crema*

Chuletas a la cerveza	*Salmón en salsa verde*	*Calabacines rellenos de arroz*	*Huevos escalfados con salsa de tomate*	*Judiones templados en salsa vinagreta*

Pasta salteada con crema de salmón	*Emperador con salsa de cítricos*	*Pollo a la crema manchega*	*Cazuela de judiones con patatas y cerdo*	*Ensalada templada de chipirones y judías*

LUNES	MARTES	MIÉRCOLES	JUEVES	VIERNES
Dorada en salsa de limón con pimientos del piquillo	*Brocheta de pollo con salsa de cerezas*	*Cazuela de fideos mixta*	*Patatas con codillo y berza*	*Merluza a la vasca*

Arroz con costillas y oreja de cerdo	*Mero al hojaldre con espárragos rebozados*	*Solomillo adobado con sandía a la plancha*	*Ensalada de pasta negra con garbanzos crujientes*	*Crepes a lo Mariló*

Ensalada de aguacates y gambas al ajillo	*Estofado de ternera al oporto*	*Mejillones al vino blanco con tomates asados*	*Papillote de merluza y salsa de zanahoria*	*Empanada de berberechos*

Revuelto de frutos secos y pastel de marisco	*Ensalada de pimientos asados y queso caramelizado*	*Ossobuco estofado*	*Pastel de pescadilla y bacalao con salsa alioli*	*Cocido de garbanzos y verduras provenzales*

LUNES	MARTES	MIÉRCOLES	JUEVES	VIERNES
Entrecote a la pancha con crema de jengibre	*Lentejas con calamares al vino blanco*	*Salmón en salsa de azafrán con setas salteadas*	*Pollo al whisky*	*Lenguado relleno con crema de gambas*

Revuelto de morcilla, nueces y pasas	*Patatas con bacalao y puerro*	*Hamburguesas de gallo y marisco con salsa de pimientos*	*Pimientos rellenos de arroz*	*Lomo asado con crema de castañas*

LEYENDA PARA EL RECETARIO

Tiempo	Congelación	Transporte
Raciones	No congelar	No transportar

DORADA A LA SAL CON FINAS HIERBAS

45 min

4

2 meses

Recipiente de plástico

INGREDIENTES

2 doradas medianas
1 kg de sal
1 clara de huevo
5 g de finas hierbas secas
100 g de calabaza
1 calabacín
1 patata grande
Aceite

ELABORACIÓN

Mezclar la sal con la clara de huevo, las finas hierbas y algo de agua hasta obtener una mezcla homogénea y consistente.

Disponer una fina capa de sal sobre la bandeja de horno y colocar sobre dicha capa de sal las doradas.

Cubrir con el resto de sal y hornear a 190 °C durante 12 minutos.

Aparte, lavar las hortalizas y cortar en láminas finas y estas a su vez en tiras finas. Sazonar con sal y enharinar, golpear con un colador para eliminar el exceso de harina.

Freír en aceite bien caliente hasta dorar por completo.

PRESENTACIÓN

Servir caliente los lomos de la dorada sin piel ni espinas. Como guarnición pondremos a un lado las verduritas fritas y regaremos el pescado con unas gotas de aceite.

BERENJENAS RELLENAS CON VERDURAS GRATINADAS

40 min

4

3 meses

Recipiente de plástico

INGREDIENTES

2 berenjenas
1 calabacín
1 cebolla
2 dientes de ajo
1 pimiento rojo
4 tomates
20 g de queso emmental
20 g de queso cheddar
Aceite
Pimentón
Sal

ELABORACIÓN

Lavar las berenjenas y partir por la mitad. Dar unos cortes superficiales por la parte de la carne, sumergir en agua hirviendo con sal durante 20 minutos.

Pelar la cebolla y picar finamente, rehogar en aceite a fuego medio junto con el pimiento troceado en dados pequeños.

Cuando estén tiernos la cebolla y el pimiento, agregaremos el calabacín en dados sin pelar y la carne de las berenjenas que habremos retirado tras su cocción.

Por último, agregar el pimentón al sofrito de verduras y transcurridos unos segundos los tomates pelados y picados. Mantener la cocción durante 10 minutos.

Comprobar el punto de sal y rellenar la piel de las berenjenas.

PRESENTACIÓN

Rallar los dos tipos de queso y repartir sobre las berenjenas rellenas. Gratinar 5 minutos y servir.

SECRETO IBÉRICO CON SALSA DE NARANJA

35 min

4

3 meses

Recipiente de plástico

INGREDIENTES

2 secretos ibéricos grandes
3 naranjas
1 vaso de vino de jerez dulce
20 g de pasas
1 cebolla
4 patatas
1 manojo de perejil
Aceite
Pimienta molida
Harina
Sal

ELABORACIÓN

Dorar los secretos ibéricos en una sartén con algo de aceite y mantener unos minutos por cada lado hasta que estén dorados.

En esa misma sartén rehogaremos la cebolla picada finamente junto con la piel de la naranja cortada en tiras finas.

Después agregar las pasas, algo de harina, el zumo de las naranjas y el jerez dulce. Dejar cocer hasta espesar, salpimentar y reservar.

Pelar las patatas y cortar en lonchas o tornear en forma ovalada, asar en el horno durante 30 minutos, previamente sazonadas con sal, pimienta y regadas con aceite.

PRESENTACIÓN

Servir los secretos salpimentados y salseados con la salsa de naranja y guarnecer con las patatas asadas. Decorar con el perejil.

TORTILLA DE VERDURAS CON SAN JACOBOS DE CALABACÍN

30 min

4

1 mes

Evitar

INGREDIENTES

7 huevos
100 g de calabaza
50 g de guisantes
2 patatas
1 puerro
1 manojo de perejil
1 manojo de albahaca
4 lonchas de queso
1 calabacín
Pan rallado
Aceite
Sal

ELABORACIÓN

Pelar la calabaza, las patatas y el puerro, retirando las hojas verdes y la raíz. Cortar en tiras finas y rehogar en una sartén con algo de aceite hasta que se ablanden.

Aparte, batir los huevos —reservando uno— y juntar con las hierbas picadas y la sal.

En un cuenco mezclaremos los huevos con las verduras, además de los guisantes. Dejar reposar unos minutos.

Lavar y cortar el calabacín en láminas finas de unos 5 centímetros de largo. Entre lámina de calabacín y calabacín pondremos una de queso. Pasar este san jacobo por huevo —el que habíamos reservado— y pan rallado. Freír en aceite caliente hasta dorar.

Por último, cuajar las tortillas en una sartén bien caliente.

PRESENTACIÓN

Se podrán cuajar tortillas ovaladas individuales o redondas que posteriormente fraccionaremos en triángulos. Acompañar por los san jacobos.

JUDÍAS BLANCAS CON CODILLO Y ALCACHOFAS

1 hora

4

3 meses

Recipiente de plástico

INGREDIENTES

300 g de judías blancas
1 codillo en salmuera precocido
1 cebolla
1 hoja de laurel
2 zanahorias
4 alcachofas
60 g de harina
Aceite
Pimentón
Sal
Agua

ELABORACIÓN

Poner en remojo la víspera las judías en agua fría con algo de sal.

Cocerlas desde agua fría junto con las zanahorias, el laurel, la cebolla y el codillo entero. Mantener a fuego medio durante 45 minutos. De vez en cuando añadiremos a la cocción agua fría para que las judías resulten más tiernas.

Aparte, limpiar las alcachofas, retirando las puntas y las hojas externas más duras, además de la pelusilla interior. Cortar en cuartos.

Mezclar en un bol la harina y el pimentón con un poco de agua y sal. Debe quedar una mezcla densa —como la salsa bechamel.

Rebozar las alcachofas y freír en aceite caliente.

Trocear la cebolla, la zanahoria y el codillo. Juntar con las judías de nuevo y comprobar el punto de sal.

PRESENTACIÓN

Servir las judías guisadas con las alcachofas crujientes por encima.

JUDÍAS VERDES SALTEADAS CON BEICON

45 min

4

3 meses

Recipiente de plástico

INGREDIENTES

750 g de judías verdes
50 g de jamón curado
50 g de beicon ahumado
5 g de cominos
1 cebolla
4 tomates
2 dientes de ajo
1 manojo de perejil
Aceite
Pimentón
Sal

ELABORACIÓN

Lavar las judías verdes y cortar las puntas.Trocear en tiras finas y cocer en agua hirviendo con sal durante 20 minutos. Una vez cocidas se refrescarán en agua fría con hielos para recuperar su intenso color verde.

En una sartén sofreiremos los ajos laminados. Una vez tomen color agregaremos la cebolla finamente picada, y después el jamón, el beicon, los cominos y el perejil.

Pelar y triturar los tomates, incorporar al sofrito y mantener todo 10 minutos a fuego medio.

Comprobar el punto de sal y mezclar con las judías verdes.

PRESENTACIÓN

Servir las judías bien calientes, ayudándonos de un molde circular para mejorar su presentación.

TALLARINES CON SALSA DE ALBAHACA

30 min

4

Evitar

Recipiente de plástico

INGREDIENTES

250 g de tallarines
40 g de aceitunas negras sin hueso
20 g de piñones
50 g de beicon
3 dientes de ajo
1 ramillete de albahaca
2 claras de huevo
1 vaso de nata líquida
Aceite
Pimienta
Laurel
Sal

ELABORACIÓN

Hervir la pasta en agua con sal y laurel durante 8 minutos aproximadamente. Una vez resulte *al dente*, se escurrirá y se refrescará.

Aparte, en una sartén, dorar los ajos picados finamente junto con el beicon cortado en dados y los piñones.

En la jarra de la batidora, triturar la albahaca junto con la nata.

Agregar la pasta al sofrito anterior y salsear con el triturado.

Dejar que la nata espese e incorporar las claras batidas a punto de nieve, salpimentar y saltear durante 2 minutos.

PRESENTACIÓN

Servir los tallarines bien calientes con la salsa aromatizada por la albahaca por encima.

LENTEJAS CON POLLO

40 min

4

3 meses

Recipiente de plástico

INGREDIENTES

300 g de lentejas
400 g de pollo
2 cebollas
2 zanahorias
1 punta de jamón
4 dientes de ajo
1 vaso de vino blanco
1 vaso de caldo de ave
2 hojas de laurel
1 limón
Aceite
Sal

ELABORACIÓN

Poner a cocer las lentejas con la punta de jamón, el laurel, las zanahorias peladas y las cebollas troceadas. Sazonar con sal y cocer partiendo de agua fría. La cocción comenzará con fuego fuerte para pasar posteriormente a fuego medio.

Aparte, trocear el pollo y sazonar, sofreírlo junto con los dientes de ajo picados. Cuando tome color, agregaremos el zumo del limón, el vino blanco y el caldo. Cocer durante 15 minutos.

Una vez tiernas las lentejas, añadir la salsa del pollo y trocear las zanahorias.

PRESENTACIÓN

Servir las lentejas en plato hondo y sobre ellas, las porciones de pollo.

CONEJO CON PASAS AL BRANDY

45 min

4

3 meses

Recipiente de plástico

INGREDIENTES

1 conejo troceado
50 g de guisantes
20 g de pasas
1 cebolla
2 patatas
1 copa de brandy
1 vaso de vino blanco
1 vaso de caldo de ave
1 ramita de tomillo
Aceite
Harina
Pimienta
Sal

ELABORACIÓN

Comprar un conejo troceado en porciones grandes, salpimentar y mezclar con la ramita de tomillo. Enharinar y dorar en un recipiente con aceite. Cuando empiece a tomar color, añadir la cebolla pelada y picada. Mantener unos 10 minutos a fuego medio. A continuación, incorporar las pasas y los guisantes, regar con el brandy y el vino blanco, y dejar cocer a fuego medio durante 35 minutos aproximadamente.

Cuando resten 10 minutos de cocción, añadiremos las patatas peladas y en bolitas —con la ayuda de una cucharilla vaciadora—, agregar también el caldo y dejar cocer hasta que resulten tiernas.

Comprobar el punto de terneza y de sazón.

PRESENTACIÓN

Servir en plato amplio acompañado por las patatas y las pasas, además de la salsa.

ALMEJAS AL VINO BLANCO

30 min

4

1 mes

Recipiente de plástico

INGREDIENTES

800 g de almejas
100 g de jamón serrano
4 dientes de ajo
1 vaso de vino blanco
1 cucharada de harina
1 manojo de perejil
1 vaso de caldo de marisco
12 champiñones
1 bote de aceitunas negras
Aceite
Azafrán
Sal

ELABORACIÓN

Pelar y picar finamente los ajos y el perejil y sofreírlos en un recipiente con aceite hasta que tomen color. Acto seguido agregar el jamón cortado en tiras y las almejas —que habrán estado en remojo con agua y sal durante 2 horas.

Incorporar la harina y remover bien, regar con el vino blanco y el caldo, agregar el azafrán y dejar cocer hasta que las almejas se abran.

Aparte, limpiar los champiñones y reservar la parte carnosa, picar finamente los tallos junto con las aceitunas, saltear y rellenar las cabezas.

Dorar en la plancha durante 5 minutos.

PRESENTACIÓN

Servir las almejas con la salsa bien caliente, y acompañando a ambos lados pondremos los champiñones.

COLIFLOR REBOZADA CON SALSA DE MARISCO

40 min

4

2 meses

Recipiente de plástico

INGREDIENTES

1 coliflor
2 patatas
400 g de langostinos
1 vaso de caldo de marisco
1 puerro
2 tomates
1 vaso de vino blanco
1 rama de apio
Aceite
Laurel
Perejil
Harina
Sal

ELABORACIÓN

Lavar la coliflor y cortar en ramilletes. Pelar las patatas y trocear en pequeñas porciones. Hervir todo en agua con sal durante 25 minutos —si se quiere se puede agregar leche para blanquear la coliflor y suavizar su sabor.

Sofreír el puerro lavado y picado finamente y rehogarlo en un recipiente con aceite. Cuando empiecen a tomar color, agregar las cabezas de los langostinos, el apio troceado, el perejil y el laurel. Mantener 10 minutos a fuego medio. Agregar una pizca de harina y los tomates pelados y triturados. Regar con el vino blanco y el caldo de marisco, sazonar con sal y cocer todo durante 15 minutos. Triturar la salsa y colar por un chino.

PRESENTACIÓN

Servir la coliflor y las patatas en un plato amplio, salsear con la salsa de marisco y decorar con la carne de los langostinos a la plancha.

CUARTOS DE POLLO RELLENOS

50 min

4

3 meses

Recipiente de plástico

INGREDIENTES

4 cuartos de traseros de pollo
8 lonchas finas de beicon
2 cebolletas
2 zanahorias
20 g de ciruelas pasas
1 vaso de jerez dulce
1 vaso de caldo de ave
4 endibias
Aceite
Perejil
Harina
Sal

ELABORACIÓN

Con la ayuda de una cuchillo de punta fina, retirar del cuarto trasero el hueso de la cadera.

Pelar y cortar en tiras finas las zanahorias y las cebolletas, y sofreír en una sartén durante 5 minutos. Rellenar con este sofrito de verduras los cuartos traseros, sazonar y enharinar.

En un recipiente con aceite doraremos los cuartos rellenos con las ciruelas pasas. Cubrir con el vino jerez y el caldo de ave.

Cocer a fuego medio durante 40 minutos, sazonar la salsa con sal y espolvorear el perejil picado por encima.

Cortar las endibias a la mitad y lavar bien, enrollar cada mitad con una loncha de beicon y asar a 170 °C durante 15 minutos.

PRESENTACIÓN

Servir los jamoncitos rellenos y salseados muy calientes, guarnecidos con las endibias braseadas.

GUISO DE GARBANZOS Y ESPINACAS

1 hora

4

3 meses

Recipiente de plástico

INGREDIENTES

300 g de garbanzos
100 g de jamón serrano
50 g de beicon
500 g de espinacas
1 cebolla
2 cuartos de pollo
1 hoja de laurel
Pan frito
Aceite
Azafrán
Sal

ELABORACIÓN

Remojar los garbanzos la víspera en agua tibia con algo de sal.

Transcurrido el remojo, ponerlos a cocer partiendo de agua caliente con el laurel, la cebolla cortada y el pollo troceado en porciones grandes. Cocer aproximadamente 1 hora en olla tradicional o 20 minutos en olla de presión.

Cuando los garbanzos empiecen a estar tiernos, incorporaremos el jamón y el beicon partidos y salteados en una sartén hasta dorar.

Para aumentar el sabor y color, añadir un majado de pan frito con el azafrán, además de las espinacas troceadas.

Dar un último hervor a todos los ingredientes de 5 minutos. Comprobar el punto de sal.

PRESENTACIÓN

Servir el guiso bien caliente en una cazuela de barro o en un plato hondo caliente.

CREMA DE MARISCOS

45 min

4

1 mes

Recipiente de plástico

INGREDIENTES

200 g de rape
200 g de pulpo
400 g de gambas
60 g de arroz
1 puerro
1 apio
2 zanahorias
8 tomates
1 vaso de vino blanco
Caldo de pescado
Aceite
Tomillo
Perejil
Sal

ELABORACIÓN

Picar el puerro lavado y despojado de raíz y hojas verdes, y rehogarlo en un recipiente con un poco de aceite. Agregar el apio y las zanahorias troceados finamente. Añadir el tomillo y el perejil, y mantener a fuego medio durante 10 minutos.

Poner las cabezas de las gambas en un recipiente con agua fría, añadir una rama de perejil, otra de tomillo y un chorrito de vino blanco. Dejamos que cueza 20 o 25 minutos. Colar y reservar.

Pelar y picar los tomates, añadir al sofrito y rehogar. Incorporar también el arroz y regar con el caldo de marisco. Cocer todo durante 20 minutos. Triturar hasta obtener una crema suave y comprobar el punto de sal.

Aparte, trocear el pulpo cocido y el rape. Ensartar en brochetas y dorar en una sartén.

Saltear la carne de las gambas bien picada junto con un poco de ajo.

PRESENTACIÓN

Servir la crema caliente y colocar sobre ella el marisco salteado y las brochetas.

PASTA EN SALSA DE AZAFRÁN Y FRUTOS SECOS

30 min

4

Evitar

Recipiente de plástico

INGREDIENTES

300 g de pasta fresca
20 g de piñones
20 g de nueces
20 g de uvas pasas
2 cucharadas de harina
2 vasos de leche
Aceite
Pimienta
Azafrán
Nuez moscada
Sal

ELABORACIÓN

Cocer la pasta en agua hirviendo con sal durante 2 minutos si es pasta fresca, u 8 si es pasta seca. Tras la cocción, escurrir, refrescar y reservar.

Aparte, saltear los frutos secos en una sartén con 2 cucharadas de aceite hasta dorar, incorporar el azafrán molido y la harina. Rehogar 2 minutos más.

Agregar la leche y con la ayuda de una varilla, remover hasta que resulte espesa y homogénea. Sazonar con sal, pimienta y nuez moscada.

PRESENTACIÓN

Servir la pasta salseada y opcionalmente gratinada durante 5 minutos a 200 °C.

PISTO CON MUSLITOS ASADOS

50 min

4

3 meses

Recipiente de plástico

INGREDIENTES

4 muslitos de pollo
1 vaso de vino blanco
1 hoja de laurel
2 dientes de ajo
1 berenjena
1 calabacín
1 cebolla
1 pimiento rojo
4 tomates
Aceite
Sal

ELABORACIÓN

Sazonar los muslitos de pollo con sal y colocarlos en una bandeja de horno impregnada de aceite, acompañar con el ajo y el laurel. Asar a 190 °C durante 45 minutos. De vez en cuando regaremos con el vino blanco.

En un recipiente amplio sofreiremos la cebolla y el pimiento picados finamente en dados pequeños. Cuando empiecen a tomar color agregaremos el calabacín y la berenjena cortados de igual forma. Mantener durante 10 minutos a fuego medio.

Pelar los tomates y trocear, añadir al sofrito y rehogar 15 minutos más. Sazonar con sal y regar con el jugo del asado.

PRESENTACIÓN

Servir el pisto caliente con los muslitos dorados a un lado.

JUDÍAS BLANCAS CON SALTEADO DE MARISCO

1 hora

4

2 meses

Recipiente de plástico

INGREDIENTES

300 g de judías blancas
200 g de gambas
200 g de langostinos
1 cebolla
1 punta de jamón
2 zanahorias
2 hojas de laurel
3 tomates
1 pimiento rojo
1 vaso de vino blanco
Caldo de marisco
Aceite
Perejil
Pimentón
Sal

ELABORACIÓN

Poner en remojo la víspera las judías con agua fría.

Cocer partiendo desde agua fría con sal junto con media cebolla, la punta de jamón, el laurel y las zanahorias peladas. Cocer durante 40 minutos a fuego medio.

Aparte, sofreír el resto de la cebolla con el pimiento rojo cortado en dados pequeños. Cuando empiecen a tomar color agregar el pimentón y a continuación, el vino blanco y el caldo de marisco. Mantener a fuego medio durante 1 minuto. Pelar y picar los tomates, mezclar con dicha elaboración y cocer otros 10 minutos más.

Por último, agregar los mariscos pelados, las judías cocidas y las zanahorias cortadas en lonchas y dar un hervor de 4 minutos. Comprobar el punto de sal.

PRESENTACIÓN

Servir bien caliente con el perejil picado por encima como decoración.

SOLOMILLO DE CERDO A LA FRAMBUESA

35 min

4

3 meses

Recipiente de plástico

INGREDIENTES

1 solomillo de cerdo grande
2 patatas
1 limón
6 cebollitas francesas
1 vaso de oporto
100 g de frambuesas
50 g de azúcar
Aceite
Pimienta molida
Sal

ELABORACIÓN

Pelar y cortar en lonchas de medio centímetro las patatas. Disponerlas en una bandeja de horno con algo de aceite y sal. Junto con las patatas pondremos las cebollitas francesas peladas. Hornear durante 35 minutos a 180 °C.

Aparte, en una sartén, colocaremos el azúcar con unas gotas de limón. Cuando empiece a dorar añadiremos las frambuesas y el vino de oporto. Dejar cocer hasta que resulten las frambuesas deshechas y la salsa espesa, salpimentar y reservar.

Por último, lonchear el solomillo, salpimentar y dorar los filetes a fuego fuerte por ambos lados.

PRESENTACIÓN

Servir en plato llano los filetes de solomillo acompañados por las patatas y la salsa de frambuesa.

BACALAO AL PILPIL CON VERDURAS ASADAS

45 min

4

2 meses

Recipiente de plástico

INGREDIENTES

4 trozos de bacalao en salazón
4 dientes de ajo
1 guindilla
2 calabacines
2 patatas
1 vaso de aceite de oliva
1 vaso de leche
1 manojo de perejil

ELABORACIÓN

Desalar el bacalao durante 24 horas como mínimo en agua fría, realizando al menos tres cambios de agua —también se podrá utilizar bacalao congelado al punto de sal.

Dorar los ajos fileteados junto con la guindilla. Una vez dorados, retirar del fuego y reservar. En esa misma sartén, agregar más cantidad de aceite y colocar los trozos de bacalao con la piel hacia arriba, manteniendo a fuego lento. Cuando veamos que el bacalao libera gotas blancas de gelatina, se le dará la vuelta, manteniéndolo otros 3 o 4 minutos.

Retirar el bacalao del aceite. Pondremos este aceite en un bol y lo batiremos con una batidora hasta conseguir que emulsione y se obtenga una salsa espesa blanquecina. Durante este proceso agregaremos poco a poco la leche.

Pelar las patatas, pero no los calabacines. Cortar ambos ingredientes con la ayuda de una puntilla en pequeñas porciones. Dar forma de balón de rugby —tornear— y después asarlos a 180 °C durante 14 minutos.

PRESENTACIÓN

Servir el bacalao bien caliente salseando y acompañado por todos las verduras asadas. Se decorará con los ajos y guindilla dorados, además de perejil picado.

ARROZ CON SEPIA Y SALSA ALIOLI

40 min

4

2 meses

Recipiente de plástico

INGREDIENTES

300 g de arroz
100 g de guisantes
200 g de langostinos
1 sepia
4 dientes de ajo
2 cebolletas
2 zanahorias
Caldo de verduras
Aceite
Azafrán
Sal

ELABORACIÓN

Sofreír en una paella 3 dientes de ajo picados junto con las zanahorias peladas y troceadas en dados pequeños. Cuando empiecen a tomar color agregaremos las cebolletas finamente picadas.

Limpiar la sepia, retirando la cabeza y la piel exterior, cortar en dados y saltear con el resto de ingredientes a fuego fuerte.

Repartir el arroz sobre los ingredientes y mojar con la doble cantidad de caldo o agua.

Moler el azafrán con algo de sal en el mortero y sazonar con ello el arroz —aporta más color, olor y sabor—. Cocer durante 12 minutos. Cuando falten 2 minutos, repartir los langostinos por encima.

Para la salsa alioli: añadir 1 diente de ajo en le mortero, machacar hasta hacer una pasta de ajo e incorporar el aceite poco a poco sin dejar de golpear. Añadiremos aceite hasta obtener una salsa espesa y consistente. Sazonar con sal.

PRESENTACIÓN

Servir el arroz caliente y acompañar con la salsa alioli.

COCIDO DE GARBANZOS CON BERBERECHOS

1 hora

4

2 meses

Recipiente de plástico

INGREDIENTES

300 g de garbanzos
200 g de repollo
500 g de berberechos
1 punta de jamón
2 patatas
2 dientes de ajo
1 cebolla
1 guindilla
1 vaso de vino blanco
1 manojo de albahaca
Caldo de marisco
Aceite
Sal

ELABORACIÓN

Poner la víspera los garbanzos en remojo en agua tibia con sal.

Pasado el remojo, cocer durante 1 hora en olla tradicional o 22 minutos en olla de presión, partiendo de agua hirviendo, en compañía de la punta de jamón y el repollo lavado y troceado. Cuando los garbanzos empiecen a estar tiernos, añadir las patatas peladas y troceadas, y dejar 10 minutos más.

Aparte, sofreír los ajos en láminas con la cebolla picada finamente junto con la guindilla y la albahaca troceada.

Cuando empiece a tomar color, añadir los berberechos, regar con el vino blanco y el caldo de marisco.

Cocer todo durante 3 minutos aproximadamente. Una vez abiertos los berberechos, los separaremos del fuego. Sazonar y reservar.

PRESENTACIÓN

Se puede presentar en una cazuela de barro bien caliente. El barro ayudará a mantener durante más tiempo su temperatura inicial.

BACALAO CON SALSA DE SETAS

35 min

4

2 meses

Recipiente de plástico

INGREDIENTES

4 trozos de bacalao en salazón
200 g de setas
400 g de brécol
1 cayena
1 vaso vino blanco
2 chalotas
3 dientes de ajo
1 vaso de nata líquida
Aceite
Sal

ELABORACIÓN

Desalar el bacalao en agua fría durante 24 horas. Cambiar el agua al menos tres veces —se podrá emplear también bacalao congelado ya desalado.

Disponer el bacalao desalado y escurrido en un plato con algo de aceite, tapar con papel film y meter en el microondas durante 1 o 2 minutos a potencia media. Deben quedar jugosos.

Lavar el brécol y separar en ramilletes, hervir en agua con sal durante 12 minutos, escurrir y refrescar.

En una sartén, sofreír los ajos y la cayena picados finamente. Cuando tomen color agregar el brécol. Saltear todo durante 5 minutos.

Para la salsa de setas: pelar y picar las chalotas, pochar con aceite junto con las setas cortadas en tiras. Cuando empiecen a tomar color, agregar el vino blanco, dejar cocer y reducir 4 minutos y a continuación, incorporar la nata y reanudar la cocción. Sazonar con sal y triturar.

PRESENTACIÓN

Servir el bacalao recién cocinado con la salsa caliente y acompañado por el brécol salteado.

SOPA CASTELLANA CON CALABAZA

45 min

4

3 meses

Recipiente de plástico

INGREDIENTES

100 g de jamón serrano
100 g de chorizo
200 g de calabaza
200 g de garbanzos
4 huevos
½ barra de pan
1 l de caldo
6 dientes de ajo

ELABORACIÓN

Sofreír los ajos laminados en un recipiente con un poco de aceite. Cuando se empiecen a dorar añadimos el chorizo bien picado. Cortar el jamón en dados pequeños y sofreír junto a los ingredientes anteriores.

Trocear la calabaza en pequeñas porciones y echar también con el resto de sofrito. Mantener unos 6 minutos a fuego medio. Cuando la calabaza esté tierna, subimos el fuego al máximo y añadimos el caldo.

Cascar los huevos y repartir sobre la sopa hasta que estén escalfados. A continuación ponemos unas tostas de pan, rebanadas finas que hemos pasado antes por el horno.

Por otro lado, salteamos los garbanzos con un poco de aceite, los dejamos unos 5 minutos. Se quedan crujientes y los añadimos a la sopa.

PRESENTACIÓN

Servir bien caliente la sopa con el huevo escalfado sobre ella y los garbanzos tostados.

RAVIOLIS EN SALSA DE NUECES

30 min

4

No

Recipiente de plástico

INGREDIENTES

300 g de raviolis
2 tomates
1 cebolla
2 vasos de leche
1 manojo de espárragos trigueros
2 cucharadas de harina
40 g de nueces
3 g de orégano
Aceite
Pimienta
Nuez moscada
Sal

ELABORACIÓN

Hervir la pasta en un recipiente con abundante agua y algo de sal. Si la pasta es fresca cocer durante 2 minutos y si es seca necesitará en torno a 8 minutos. Una vez cocida, escurrir y refrescar.

Para la salsa: pelar la cebolla, trocear en dados pequeños y pocharla en una sartén con aceite. Una vez ablandada, agregar el orégano y los tomates pelados y triturados. Mantener 10 minutos a fuego medio. Incorporar la harina y rehogar. Regar con la leche, sazonar con sal, pimienta y nuez moscada. Cuando la salsa empiece a espesar, se triturará.

Lavar los espárragos y pelar ligeramente los tallos, hervir en agua con sal durante 8 minutos, escurrir y dorar en la plancha.

PRESENTACIÓN

Servir los raviolis salteados con unas gotas de aceite junto con las nueces peladas, salsear y acompañar con los espárragos.

PIERNA DE CORDERO ASADA CON DÁTILES

1 hora

4

3 meses

Recipiente de plástico

INGREDIENTES

2 paletillas de cordero
600 g de espinacas
50 g de beicon
20 g de pasas
30 g de dátiles
1 cebolla
2 dientes de ajo
1 vaso de vino blanco
1 rama de tomillo
Aceite
Sal

ELABORACIÓN

Sazonar la paletilla de cordero y colocarla en una bandeja de horno en compañía de los dientes de ajo, el tomillo y los dátiles. Meter en el horno a 190 °C durante 40 minutos. Regar con vino blanco y agua de vez en cuando.

Una vez asada, recuperaremos el jugo y los dátiles.

Para la guarnición, saltear la cebolla pelada y picada finamente. Cuando empiece a tomar color, agregar el beicon en dados y las pasas. Después de 5 minutos, añadir las espinacas lavadas —sin cocerlas—. Saltear todo durante 5 minutos más a fuego fuerte y sazonar con sal.

PRESENTACIÓN

Servir la paletilla entera bien caliente, salseada y acompañada por los dátiles y las espinacas.

CREMA DE CALABAZA, SETAS Y HUEVO

40 min

4

2 meses

Recipiente de plástico

INGREDIENTES

200 g de calabaza
100 g de setas
4 patatas
1 puerro
1 cebolla
4 huevos
Caldo de ave
Aceite
Sal

ELABORACIÓN

Limpiar el puerro retirando la raíz y las hojas verdes, picar finamente y lavar bien. Rehogar en aceite junto con la cebolla en dados hasta que todo esté tierno. Después, agregar la calabaza y las patatas peladas y troceadas en dados. Rehogar durante 5 minutos.

Incorporar las setas y cubrir con el caldo. Cocer todo durante 30 minutos. Sazonar y triturar con la batidora.

Aparte, escalfar los huevos en un recipiente bajo con agua a punto de hervir, sal y algo de vinagre. Una vez cuajados, retirar y sumergir en un recipiente con agua fría para quitar el sabor que aporta el vinagre.

PRESENTACIÓN

Servir la crema bien caliente y sobre ella disponer el huevo escalfado.

RAPE EN SALSA DE CANGREJOS

35 min

4

2 meses

Recipiente de plástico

INGREDIENTES

4 medallones de rape
6 cangrejos de río
1 vaso de vino tinto
1 vaso de caldo de marisco
2 pimientos rojos asados
30 g de aceitunas negras sin hueso
1 cebolla
1 rama de tomillo
Aceite
Sal

ELABORACIÓN

Saltear los cangrejos de río en un recipiente con algo de aceite hasta que tomen un intenso color rojo. Retirar los cangrejos y emplear el aceite para sofreír en él la cebolla pelada y picada. Una vez tierna, agregar los pimientos troceados y el tomillo. Sofreír 2 minutos más.

Agregar algo de harina para que ligue posteriormente, regar con el caldo de marisco y el vino tinto. Dejar cocer todo durante 10 minutos, retirar el tomillo y triturar con la batidora.

Colar la salsa y añadir las aceitunas negras picadas y la carne de los cangrejos. Comprobar el punto de sal.

Dorar los medallones de rape en una sartén con el aceite bien caliente, sazonar con sal y reservar.

PRESENTACIÓN

Salsear el plato con la salsa de cangrejos y disponer sobre ella los medallones de rape.

HUEVOS A LA CAZUELA CON JUDÍAS Y CHORIZO

30 min

4

No

Evitar

INGREDIENTES

4 huevos
300 g de judías verdes
60 g de chorizo
30 g de queso rallado
4 tomates
1 puerro
3 dientes de ajo
1 manojo de cebollino
Aceite
Sal

ELABORACIÓN

Lavar las judías verdes y cortarlas en tiras finas. Aparte, limpiar el puerro retirando la raíz y las hojas verdes, picar finamente y lavar.

Pelar los ajos y laminar, sofreírlos en una sartén con algo de aceite. Cuando toman color agregar el puerro y las judías verdes. Mantener 8 minutos a fuego medio.

Cortar el chorizo en rajas y agregarlo junto con los tomates pelados y triturados al sofrito anterior. Sazonar con sal.

Repartir el sofrito en cazuelas de barro y cascar los huevos por encima. Espolvorear el queso rallado. Tapar la cazuela con papel aluminio y hornear a 160 °C durante 10 minutos.

PRESENTACIÓN

Servir los huevos una vez cuajados en la propia cazuela de barro en compañía del sofrito de verduras.

JAMONCITOS DE POLLO AL CAVA

1 hora

4

3 meses

Recipiente de plástico

INGREDIENTES

4 muslitos de pollo
4 chalotas
2 vasos de cava
1 vaso de nata líquida
4 melocotones en almíbar
20 g de pasas
30 g de pan rallado
2 dientes de ajo
1 manojo de perejil
1 ramillete de menta
Aceite
Harina
Sal

ELABORACIÓN

Sazonar los muslitos y enharinar, sofreírlos en una sartén hasta que tomen color. A continuación, agregar las chalotas picadas finamente y las pasas. Rehogar todo a fuego medio durante 12 minutos. Regar con el cava y dejar cocer otros 12 minutos.

Añadir la nata y dejar reducir la salsa, comprobando que los muslitos se hacen por todas partes. Transcurridos 35 minutos de cocción, estarán totalmente cocidos.

Para la guarnición, mezclar en un bol el pan rallado con las hierbas finamente picadas, humedecer con agua y disponer una fina capa sobre los melocotones.

Hornear a 160 °C durante 15 minutos. Deben quedar dorados.

PRESENTACIÓN

Servir los muslitos calientes con la salsa al cava por encima y los melocotones de guarnición.

GARBANZOS CON GAMBAS A LA CREMA

30 min

4

3 meses

Recipiente de plástico

INGREDIENTES

300 g de garbanzos cocidos (en bote)
500 g de gambas
1 cebolla
1 manojo de ajetes
1 cayena
2 vasos de leche
1 manojo de perejil
2 cucharadas de harina
Pimienta molida
Sal

ELABORACIÓN

Abrir el bote de garbanzos cocidos y lavarlos bien con agua fría.

Pelar la cebolla y picar en dados pequeños, sofreír en un recipiente con aceite. Cuando empiece a tomar color agregaremos los ajetes troceados y lavados, la cayena y el perejil picado. Mantener a fuego medio durante 10 minutos.

Agregar los garbanzos y saltear 5 minutos, espolvorear la harina sobre el sofrito y rehogar unos segundos. Agregar la leche y remover con una varilla hasta conseguir una crema homogénea.

Por último, repartir las gambas peladas y cocer durante 2 minutos más.

PRESENTACIÓN

Salpimentar y servir los garbanzos y las gambas a la crema bien calientes.

CHULETAS A LA CERVEZA

35 min

4

3 meses

Recipiente de plástico

INGREDIENTES

4 chuletas de cerdo
3 patatas
1 cebolla
4 lonchas de jamón curado
2 vasos de cerveza
2 naranjas
4 pimientos verdes
1 cucharada de harina
1 cucharada de pimentón dulce
Aceite
Sal

ELABORACIÓN

Sazonar las chuletas con sal y pimentón, enharinar y dorar por ambos lados en una sartén. Retirar y reservar. En ese mismo recipiente pochar la cebolla pelada y picada y el jamón cortado en dados. Una vez tierna, añadiremos la cerveza y el zumo de naranja. Sazonar con sal y echar las chuletas y las patatas peladas y cortadas en dados pequeños.

Cocer a fuego medio durante 10 minutos.

Aparte, lavar los pimientos verdes, secar y freír en la freidora. Cortarlos en tiras.

PRESENTACIÓN

Servir la chuleta salseada y guarnecida por los pimientos verdes fritos y las patatas.

SALMÓN EN SALSA VERDE

30 min

4

2 meses

Recipiente de plástico

INGREDIENTES

4 supremas de salmón
100 g de guisantes
1 cebolla
4 dientes de ajo
1 manojo de perejil
1 vaso de vino blanco
1 vaso de caldo de pescado
1 bote de espárragos verdes cocidos
Aceite
Sal

ELABORACIÓN

Sazonar el salmón y dorar con aceite por ambos lados en un recipiente antiadherente. Después, retirar y reservar.

En el mismo aceite, sofreír los ajos picados y a continuación la cebolla cortada de igual forma.

Cuando la cebolla empiece a tomar color, añadiremos el perejil picado, los guisantes, el vino blanco y el caldo de pescado. Dejar cocer todo durante 15 minutos, reduciendo la salsa al máximo.

Comprobar el punto de sal y sumergir en ella las supremas de salmón, dar un último hervor de 1 minuto.

PRESENTACIÓN

Servir el salmón en salsa y sobre las supremas colocar los espárragos verdes cocidos.

CALABACINES RELLENOS DE ARROZ

45 min

4

3 meses

Recipiente de plástico

INGREDIENTES

2 calabacines
200 g de arroz
200 g de judías verdes
50 g de beicon ahumado
2 cebolletas
20 g de uvas pasas
1 oreja de cerdo cocida
2 zanahorias
4 tomates
Caldo de verduras
Aceite
Azafrán
Sal

ELABORACIÓN

Lavar los calabacines y cortarlos en dos mitades. Hervirlos con sal durante 12 minutos aproximadamente. Una vez tiernos, sumergirlos en agua fría para recuperar textura y rigidez.

En una paella, sofreiremos las cebolletas picadas finamente junto con las zanahorias y las judías cortadas en pequeños dados y las uvas pasas. Mantener 8 minutos a fuego medio.

Agregar la oreja cocida y troceada, y también el beicon en dados.

A continuación, sofreír los tomates pelados y triturados, el azafrán y el arroz.

Una vez rehogado, mojar y cocer con el caldo caliente —doble cantidad de caldo que de arroz—, sazonar con sal y cocer durante 12 minutos a fuego medio.

PRESENTACIÓN

Servir medio calabacín por persona en plato llano con el arroz bien caliente en su interior

HUEVOS ESCALFADOS CON SALSA DE TOMATE

50 min

4

No

Evitar

INGREDIENTES

4 huevos
8 tomates
1 puerro
2 dientes de ajo
2 zanahorias
5 g de pimentón dulce
1 rama de tomillo
½ vaso de vino tinto
4 lonchas de jamón serrano
Aceite
Azúcar
Vinagre
Sal

ELABORACIÓN

Preparar un recipiente no muy alto con agua, sal y vinagre. Poner a fuego medio y cuando parezca querer romper a hervir, añadir los huevos previamente cascados en un bol.

Mantener durante 5 minutos —debe quedar la clara cuajada y la yema blanda—. Tras su cocción, introducir en agua fría para retirar el sabor del vinagre.

Aparte, sofreír los ajos picados con aceite. Después agregar las zanahorias y el puerro picados finamente. Transcurridos 10 minutos, añadir el tomillo y el pimentón, regar con el vino y echar los tomates pelados y picados. Cocer todo durante 20 minutos, sazonar con sal y corregir la acidez del tomate con azúcar. Triturar y colar por un chino o colador.

PRESENTACIÓN

Servir los huevos sobre la salsa de tomate y templar en el horno. Deben llegar a la mesa jugosos.

JUDIONES TEMPLADOS EN SALSA VINAGRETA

1 hora

4

3 meses

Recipiente de plástico

INGREDIENTES

300 g de judiones
100 g de pimiento rojo asado
200 g de pulpo cocido
1 punta de jamón
1 granada
1 cebolleta
1 manojo de cebollino
Aceite
Vinagre
Azúcar
Sal

ELABORACIÓN

Dejar en remojo la víspera los judiones con agua fría y sal. Cocer en un recipiente amplio con agua, sal y la punta de jamón durante 1 hora. La cocción comenzará desde agua fría y fuego fuerte para pasar posteriormente a fuego medio.

Una vez cocidos, los dejaremos enfriar en su caldo de cocción.

En una sartén con aceite saltear la cebolleta cortada en dados con el pulpo en lonchas y los judiones durante 5 minutos.

En un bol mezclaremos los granos de granada con el pimiento rojo asado troceado, el vinagre, el azúcar, la sal y el aceite. Batir hasta obtener una vinagreta algo espesa.

PRESENTACIÓN

Servir el salteado bien caliente y salsear con la mezcla de granada y pimiento. Debe llegar a la mesa templado.

PASTA SALTEADA CON CREMA DE SALMÓN

30 min

4

No

Recipiente de plástico

INGREDIENTES

300 g de pasta fresca
100 g de gambas
50 g de salmón ahumado
1 sepia
4 pimientos del piquillo
2 cucharadas de harina
Leche
Aceite
Orégano
Pimienta molida
Sal

ELABORACIÓN

Hervir la pasta fresca durante 2 minutos en agua hirviendo con sal. Una vez cocida, escurrir y refrescar.

Para la salsa: sofreír los pimientos cortados en tiras, junto con el salmón troceado. A continuación, agregar la harina, rehogar unos segundos y regar con la leche. Salpimentar, y una vez espesa, triturar con la batidora hasta obtener una crema suave.

En una sartén saltear la sepia cortada en dados y cuando empiece a tomar color, incorporar las gambas peladas y la pasta, mantener 2 minutos más. Sazonar con sal y orégano.

PRESENTACIÓN

Se servirá la pasta justo antes de ser degustada, salseada y muy caliente, para que llegue a la mesa jugosa e hidratada.

EMPERADOR CON SALSA DE CÍTRICOS

35 min

4

2 meses

Recipiente de plástico

INGREDIENTES

700 g de emperador
200 g de arroz
20 g de azúcar
3 naranjas
2 limones
1 cebolla
2 dientes de ajo
1 vaso de vino blanco
1 manojo de perejil
1 ramillete de albahaca
Caldo de ave
Aceite
Harina
Sal

ELABORACIÓN

Comprar una única rodaja de emperador gruesa; trocear en porciones de 40 g cada una.

Dorar los dados en una sartén con aceite y un picadillo de ajo y perejil. Reservar.

En esa misma sartén dorar la cebolla pelada y troceada finamente. Cuando empiece a resultar tierna, añadir la ralladura de los cítricos y una pizca de harina. Regar con el vino blanco y los zumos de limón y naranja. Sazonar con el azúcar y la sal. Dejar cocer hasta reducir.

Repartir el arroz en una paella con la albahaca picada. Cocer con el caldo hirviendo durante 12 minutos. Sazonar con sal.

PRESENTACIÓN

Repartir los dados de emperador dorados y salsear con la salsa de cítricos. Poner a un lado el arroz moldeado.

POLLO A LA CREMA MANCHEGA

40 min

4

3 meses

Recipiente de plástico

INGREDIENTES

4 filetes de pechuga de pollo
600 g de brécol
40 g de queso manchego
1 vaso de vino de jerez
2 vasos de leche
2 cucharadas de harina
4 ciruelas pasas
Aceite
Sal

ELABORACIÓN

Dorar las pechugas en una sartén. Una vez doradas, sazonar y reservar.

En esa misma sartén, añadir más aceite y rehogar la harina. Incorporar el jerez y las ciruelas pasas troceadas. Tras una cocción de 3 minutos, añadir la leche. Remover con una varilla e incorporar el queso en dados o rallado. Continuar la cocción hasta que la salsa empiece a espesar. Comprobar el punto de sal.

Limpiar el brécol y despojar en ramilletes. Hervirlo en agua con sal durante 15 minutos. Escurrir y reservar.

PRESENTACIÓN

Salsear la pechuga de pollo con la salsa caliente y acompañar con el brécol y las ciruelas pasas.

CAZUELA DE JUDIONES CON PATATAS Y CERDO

90 min

4

No

Recipiente de plástico

INGREDIENTES

300 g de judiones
1 rabo de cerdo
1 chorizo de guisar
½ oreja de cerdo
2 zanahorias
2 patatas
1 pimiento verde
2 hojas de laurel
Aceite
Pimentón dulce
Vinagre
Sal

ELABORACIÓN

Poner los judiones la víspera en agua fría con sal. Transcurrido dicho remojo, se pondrán a cocer en una olla amplia con agua, junto con el laurel, la oreja, el rabo, las zanahorias peladas enteras y el pimiento verde.

Cocer durante 1 hora aproximadamente. En ese momento, agregar las patatas peladas y troceadas. Continuar la cocción hasta que las patatas y los judiones resulten totalmente tiernos.

Retirar las zanahorias, el pimiento, el rabo y la oreja. Trocear en pequeñas porciones, que volveremos a incorporar al guiso.

Por último, sofreír el pimentón en una sartén con algo de aceite y mezclar con el guiso.

PRESENTACIÓN

Comprobar el punto de sazonamiento y servir en cazuelas de barro o plato hondo muy caliente.

ENSALADA TEMPLADA DE CHIPIRONES Y JUDÍAS

1 hora

4

No

Recipiente de plástico

INGREDIENTES

300 g de judías blancas
8 chipirones
1 punta de jamón
1 hoja de laurel
1 manojo de cebollino
1 cebolla
2 pepinillos en vinagre
4 pimientos del piquillo
1 lechuga de hoja de roble
Aceite
Vinagre
Azúcar
Sal

ELABORACIÓN

Remojar las judías en agua fría con sal durante 12 horas. Una vez hidratadas, cocer, partiendo de agua fría, junto con la punta de jamón y el laurel unos 45 minutos. Cuando estén tiernas, dejar reposar en su caldo de cocción hasta enfriar.

Aparte, dorar los chipirones en una sartén bien caliente con algo de aceite. Después, agregar la cebolla picada finamente y los pimientos troceados de igual manera. Separar del fuego y reservar.

Para la salsa: mezclar en un bol el cebollino picado, los pepinillos troceados y el vinagre, batir bien y sazonar con sal y azúcar. Por último, agregar el aceite poco a poco sin dejar de batir hasta que resulte emulsionada.

Deshojar la lechuga y lavar sus hojas.

PRESENTACIÓN

Servir en un plato amplio con ayuda de un molde una capa de lechuga, otra de judías salteadas y sobre ellas los chipirones.

Un momento antes de servir, lo salsearemos.

DORADA EN SALSA DE LIMÓN CON PIMIENTOS DEL PIQUILLO

35 min

4

2 meses

Recipiente de plástico

INGREDIENTES

2 doradas medianas
8 pimientos del piquillo
20 g de piñones
3 limones
1 cebolla
2 dientes de ajo
1 vaso de vino blanco
1 manojo de cebollino
1 manojo de albahaca
Aceite
Harina
Sal

ELABORACIÓN

Comprar doradas limpias enteras para asar, sazonar con sal y colocarlas en una bandeja de horno junto con la cebolla picada finamente. Regar con aceite y con el vino blanco y hornear a 170 °C durante 12 minutos.

Saltear en una sartén los piñones con los pimientos cortados en tiras finas.

Para la salsa: sofreír en una sartén los ajos troceados con aceite, cuando empiecen a tomar color, añadir la guindilla y una pizca de harina.

Regar con el zumo de limón y el jugo del asado de las doradas, repartir sobre la salsa las hierbas picadas y sazonar con sal. Dejar cocer hasta que la salsa espese.

PRESENTACIÓN

Servir la dorada salseada por la salsa de limón y acompañada por los piquillos.

BROCHETA DE POLLO CON SALSA DE CEREZAS

40 min

4

3 meses

Recipiente de plástico

INGREDIENTES

750 g de alitas
300 g de cerezas
1 cebolla
1 cucharada de mermelada de cerezas
1 vaso de licor de mora
1 vaso de oporto
1 calabacín
1 rama de menta
Aceite
Sal

ELABORACIÓN

Sazonar con sal las alitas y ensartarlas en una brocheta, meterlas en el horno durante 25 minutos a 180 °C. De vez en cuando regar con algo de agua y oporto.

Aparte, pelar y trocear la cebolla, rehogar en una sartén con aceite a fuego medio. Cuando la cebolla empiece a ablandarse, añadir la mermelada de cerezas, el licor de mora y el oporto. Dejar reducir hasta que espese.

Colar la salsa, sazonar y mezclar con las cerezas cortadas a la mitad sin hueso.

La guarnición se elabora salteando en una sartén el calabacín cortado en láminas sin pelar junto con la menta picada finamente.

PRESENTACIÓN

Servir las brochetas salseadas con la salsa de cerezas y acompañar con rodajas del salteado de calabacín.

CAZUELA DE FIDEOS MIXTA

40 min

4

No

Recipiente de plástico

INGREDIENTES

250 g de fideos
300 g de anillas de calamar
200 g de magro de cerdo
1 calabacín
4 tomates
2 cebolletas
2 dientes de ajo
Aceite
Perejil
Sal

ELABORACIÓN

Pelar los ajos y las cebolletas picados finamente. Cuando empiecen a tomar color, agregar los calamares cortados en dados. Mantener a fuego fuerte durante 5 minutos.

Añadir el calabacín en dados y el magro cortado de igual manera. Dejar dorar.

Por último, agregar los tomates pelados y triturados y sofreír 8 minutos más.

Añadir los fideos y el perejil, y cubrir con el caldo y cocer durante 3 minutos.

Comprobar el punto de sal.

PRESENTACIÓN

Es muy importante presentar el plato nada más terminar de cocinarlo, así el fideo llegará hidratado y caliente a la mesa.

PATATAS CON CODILLO Y BERZA

1 hora

4

No

Recipiente de plástico

INGREDIENTES

6 patatas
1 codillo tipo alemán
½ berza o col
2 zanahorias
3 dientes de ajo
20 g de piñones
20 g de pan
Aceite
Pimentón dulce
Perejil
Sal

ELABORACIÓN

Poner a cocer el codillo junto con las zanahorias y la berza troceada, sazonar y mantener a fuego medio durante 35 minutos.

Pelar las patatas y trocearlas en cachelos gruesos. Agregar al guiso anterior cuando hayan transcurrido al menos 30 minutos. Reanudar la cocción a fuego medio durante otros 15 minutos más.

En una sartén con aceite, dorar los ajos picados con los piñones, el pan desmigado y el pimentón, machacar el sofrito en un mortero hasta conseguir una pasta espesa.

Añadir al guiso y dejar hervir 2 minutos más.

PRESENTACIÓN

Servir en cazuela de barro o similar las patatas guisadas bien calientes junto con el majado y el perejil picado por encima para decorar.

MERLUZA A LA VASCA

30 min

4

2 meses

Recipiente de plástico

INGREDIENTES

4 rodajas de merluza
200 g de almejas
100 g de gambas
100 g de guisantes
1 cebolla
4 dientes de ajo
1 vaso de vino blanco
1 manojo de perejil
1 bote de espárragos blancos cocidos
1 huevo duro dividido en cuatro partes
Caldo de pescado
Aceite
Harina
Sal

ELABORACIÓN

Sazonar las rodajas de merluza y enharinar, dorar por ambos lados en un recipiente antiadherente con aceite. Una vez doradas, retirar y reservar. Aprovechando ese aceite, sofreiremos en primer lugar los ajos picados y a continuación agregaremos la cebolla cortada de igual forma.

Cuando la cebolla empiece a tomar color, añadiremos el perejil picado, los guisantes, el vino blanco y el caldo de pescado. Dejar cocer todo 15 minutos. Debe reducir la salsa al máximo.

Sumergir en la salsa las rodajas de merluza, las almejas y las gambas, cocer a fuego medio durante 2 minutos.

PRESENTACIÓN

Servir la merluza en salsa y por encima decoraremos con un cuarto de huevo duro picado y los espárragos.

ARROZ CON COSTILLAS Y OREJA DE CERDO

40 min

4

2 meses

Recipiente de plástico

INGREDIENTES

300 g de arroz
300 g de costillas adobadas
100 g de judías verdes
1 oreja de cerdo adobada precocida
4 tomates
2 zanahorias
1 cebolla
Caldo de ave o de verduras
Aceite
Azafrán
Laurel
Sal

ELABORACIÓN

Pelar y picar finamente la cebolla y las zanahorias. Sofreír en una paella con las judías cortadas en láminas finas. A continuación añadir las costillas y la oreja adobada precocida en dados. Mantener el sofrito a fuego medio durante 12 minutos.

Pelar y triturar los tomates e incorporarlos al sofrito anterior. Seguir sofriendo 5 minutos más.

Añadir el arroz, el azafrán y el laurel, cubrir con el caldo y sazonar. Cocer durante 12 minutos. Deben quedar el grano tierno, pero entero en su interior.

PRESENTACIÓN

Servir el arroz y decorar al gusto.

MERO AL HOJALDRE CON ESPÁRRAGOS REBOZADOS

30 min

4

2 meses

Recipiente de plástico

INGREDIENTES

4 filetes de mero
300 g de champiñones
200 g de gambas
100 g de harina
1 plancha de hojaldre
1 puerro
2 chalotas
1 vaso de vino blanco
1 bote de espárragos blancos
1 cucharada de pimentón dulce
1 huevo
Agua fría
1 limón
Aceite
Sal

ELABORACIÓN

Extender la plancha de hojaldre sobre la encimera y estirar con un rodillo hasta que se obtenga una lámina fina.

En una sartén con aceite, sofreír el puerro lavado y las chalotas, ambos picados en pequeños dados. Cuando estén blandos, añadir los champiñones laminados, saltear y regar con el vino durante 10 minutos a fuego fuerte.

Cortar la lámina de hojaldre en cuatro porciones de igual tamaño. Sobre cada porción colocar una cama con el sofrito anterior, disponer un trozo de mero sazonado con zumo de limón y sal. Colocar unas gambas peladas encima del mero y cerrar cada porción con el hojaldre, en forma de libro. Pegar los bordes con huevo batido y hornear a 180 °C .

Para la guarnición, mezclaremos la harina con el pimentón y la sal, añadir poco a poco agua fría sin dejar de mover hasta conseguir la densidad de una salsa bechamel.

Impregnar en ella los espárragos y freír en aceite bien caliente hasta dorar.

PRESENTACIÓN

Servir los moldes de hojaldre abiertos a la mitad y acompañados por los espárragos dorados.

SOLOMILLO ADOBADO CON SANDÍA A LA PLANCHA

30 min

4

3 meses

Recipiente de plástico

INGREDIENTES

2 solomillos de cerdo adobados
400 g de sandía
1 vaso de caldo de ternera
4 ciruelas pasas
1 vaso de vino tinto
1 cucharadita de harina
1 cebolla
Aceite
Pimienta molida
Sal

ELABORACIÓN

Cortar el solomillo adobado en dos mitades y freírlos en una sartén con algo de aceite hasta que estén dorados. Retirar y reservar.

Parar la salsa: en ese mismo aceite, sofreír la cebolla picada finamente y las ciruelas pasas en dados, regar con el vino tinto y el caldo de ternera. Cocer todo durante 10 minutos y sazonar con sal.

Pelar la sandía y cortarla en rectángulos gruesos. Dorarla en la plancha durante 5 minutos.

Lonchear el solomillo en láminas de medio centímetro de grosor.

PRESENTACIÓN

Para evitar que se reseque en exceso el solomillo, es importante lonchearlo y servirlo acto seguido a su cocinado, acompañado por la sandía a la plancha y la salsa de ciruelas. Se pueden poner algunas ciruelas pasas enteras para decorar.

ENSALADA DE PASTA NEGRA CON GARBANZOS CRUJIENTES

40 min

4

No

Recipiente de plástico

INGREDIENTES

1 bote garbanzos cocidos
200 g de macarrones negros
10 tomates cherry
1 mango
2 dientes de ajo
1 manojo de perejil
Aceite
Vinagre
Azúcar
Sal

ELABORACIÓN

Escurrir los garbanzos, lavar bien y secar. Saltearlos junto con los ajos finamente picados hasta que estén dorados y crujientes.

Aparte, cocer la pasta en agua hirviendo con sal durante 8 minutos, escurrir y refrescar con agua fría.

Lavar y trocear los tomates cherry. Pelar y cortar medio mango en dados pequeños.

Para la salsa vinagreta: mezclar en un bol el vinagre, la sal y el azúcar, añadir la otra mitad del mango y algo de aceite. Triturar hasta conseguir una salsa amarilla homogénea.

PRESENTACIÓN

Mezclar la pasta con los garbanzos, los cherry y el mango. Salsear con la vinagreta y servir templado.

CREPES A LO MARILÓ

40 min

4

No

Recipiente de plástico

INGREDIENTES

500 g de carne picada
2 zanahorias
6 tomates
1 cebolla
2 dientes de ajo
2 huevos
½ vaso de vino tinto
150 g de harina
Finas hierbas
Aceite
Azúcar
Sal

ELABORACIÓN

Pelar y picar finamente los ajos, la cebolla y las zanahorias. Sofreír en una sartén con aceite siguiendo dicho orden. Cuando la cebolla y las zanahorias estén tiernas, agregaremos la carne picada, dejando que dore. Regar con el vino tinto y cocer durante 4 minutos hasta que reduzca por completo.

Por último, añadir los tomates pelados y triturados, sazonar con sal y una pizca de azúcar. Cocer la salsa a fuego lento durante 10 minutos más.

Para las crepes: mezclar los huevos con las finas hierbas y la harina, sazonar con sal y batir bien.

Formar obleas muy finas en una sartén antiadherente hasta que tomen color por ambos lados.

PRESENTACIÓN

Servir las crepes rellenas con la boloñesa y envolverlas en forma cilíndrica o en forma de pañuelo.

ENSALADA DE AGUACATES Y GAMBAS AL AJILLO

30 min

4

No

Recipiente de plástico

INGREDIENTES

2 aguacates
400 g de gambas
300 g de rúcula
2 manzanas
4 cucharadas de mahonesa
1 cucharada de tomate kétchup
4 dientes de ajo
½ naranja
Aceite
Pimienta
Sal

ELABORACIÓN

Abrir los aguacates en dos mitades, retirar el hueso central y vaciar su interior con una cucharilla vaciadora. Pelar las manzanas y cortar en pequeños dados, mezclar con la carne de aguacate y con la rúcula previamente lavada.

Aparte, sofreír los ajos picados finamente y cuando empiecen a tomar color agregar las gambas peladas, sazonar con sal y saltear durante 2 minutos.

Rellenar el aguacate colocando como base la mezcla de manzana y sobre esta se repartirán las gambas salteadas.

Para la salsa: batir la mahonesa con el kétchup, el zumo de naranja y la pimienta.

PRESENTACIÓN

Servir los aguacates con el relleno de gambas templado y salseado con la salsa rosa.

ESTOFADO DE TERNERA AL OPORTO

1 hora

4

3 meses

Recipiente de plástico

INGREDIENTES

800 g de ternera blanca
2 vasos de oporto
2 manzanas
4 tomates
12 cebollitas
1 rama de apio
2 zanahorias
2 vasos de caldo de verdura
Aceite
Orégano
Canela en polvo
Sal

ELABORACIÓN

Trocear la ternera en porciones de 40 g aproximadamente. Sazonar y enharinar. Dorar en un recipiente con algo de harina junto con las cebollitas peladas enteras y las zanahorias peladas y cortadas en trocitos. Mantener durante 6 minutos a fuego medio.

Agregar al sofrito anterior el apio cortado en dados, los tomates pelados y triturados, el orégano, el caldo y el oporto. Cocer a fuego medio durante 50 minutos en olla normal o 20 minutos en olla de presión.

Aparte, en una sartén, saltear las manzanas peladas y cortadas en dados con algo de aceite. Cuando empiecen a tomar color, agregar algo de sal y la canela. Deben resultar doradas y tiernas.

PRESENTACIÓN

Se presentará en plato hondo con la salsa de la cocción y el resto de ingredientes. Por encima repartiremos la manzana salteada a la canela.

MEJILLONES AL VINO BLANCO CON TOMATES ASADOS

35 min

4

1 mes

Recipiente de plástico

INGREDIENTES

1 kg de mejillones
200 g de arroz
4 tomates
1 vaso de vino blanco
1 vaso de leche
½ limón
1 cebolla
2 dientes de ajo
2 cucharadas de harina
1 hoja de laurel
Aceite
Azafrán
Orégano
Sal

ELABORACIÓN

Hervir los mejillones al vapor en un recipiente tapado, sin agregar nada de agua, únicamente el zumo del limón y el laurel. Transcurridos 2 minutos, los mejillones estarán abiertos y cocidos.

Cortar una fina capa de cada tomate, por la parte del tallo, vaciar su interior y reservar.

Aparte, sofreír los ajos y la cebolla picados y cuando empiecen a tomar color agregar la carne de los tomates, el orégano y el arroz. Cubrir con agua o caldo, sazonar con sal y cocer durante 10 minutos. Debe quedar *al dente*. Rellenar los tomates y hornear durante 10 minutos a 160 °C.

Por último, elaborar la salsa: rehogar unos segundos la harina con el aceite, agregar el vino blanco, la sal y el azafrán y dejar cocer durante 5 minutos. A continuación incorporar la leche, dejar reducir y pasar por un colador.

PRESENTACIÓN

Servir el plato salseado y colocar en el centro el tomate asado.

Alrededor del tomate dispondremos las valvas de mejillones con su carne. Servir caliente.

128

PAPILLOTE DE MERLUZA Y SALSA DE ZANAHORIA

38 min

4

2 meses

Recipiente de plástico

INGREDIENTES

4 rodajas de merluza
30 g de pasas
1 puerro
4 zanahorias
2 chalotas
2 dientes de ajo
1 vaso de jerez dulce
1 vaso de nata
Aceite
Azafrán
Sal

ELABORACIÓN

Sazonar las rodajas de merluza con sal y colocar sobre un trozo de papel de horno engrasado con aceite, acompañarlas con las pasas y los ajos finamente picados.

Cerrar el envoltorio en forma de papillote y hornear a 180 °C durante 8 minutos. Se podrán elaborar paquetes individuales o un gran papillote común.

Aparte, sofreír en una sartén el puerro y las chalotas picados finamente. A continuación, agregar las zanahorias peladas y picadas. Una vez tiernas las verduras, regar con el vino, dejando que evapore el alcohol, añadir la nata, el azafrán molido y sal.

Cuando la salsa resulte espesa, triturar y colar.

PRESENTACIÓN

Servir la merluza una vez cocida sin el envoltorio y acompañado por la salsa de zanahoria.

EMPANADA DE BERBERECHOS

1 hora

6

1 mes

Envuelta en film

INGREDIENTES

500 g de harina
700 g de berberechos
25 g de levadura prensada fresca de panadero
2 pimientos verdes
2 cebollas
1 calabacín
3 tomates
3 huevos duros
1 huevo para pintar
1 vaso de agua
4 cucharadas de aceite
Perejil
Sal

ELABORACIÓN

Volcar la harina sobre un bol, hacer un agujero grande en el centro de la harina e incorporar en su interior la levadura disuelta en el agua, el aceite y algo de sal. Amasar bien hasta obtener una mezcla homogénea y elástica. Dejar reposar la masa en un lugar templado de la casa durante 30 minutos.

Pelar las cebollas y cortarlas junto con los pimientos en tiras finas que rehogaremos en una sartén hasta dorar. Agregar el calabacín también cortado en tiras y el perejil picado, y freír durante 8 minutos a fuego medio. Después incorporar los tomates pelados y picados, sazonar y dejar reducir todo durante 5 minutos más.

Saltear los berberechos en una sartén con algo de aceite hasta que se abran. Separar la carne de las valvas. Pelar los huevos duros y cortarlos en láminas.

Estirar una porción de la masa en forma rectangular con un grosor de 3 mm, repartir sobre ella el sofrito, los huevos en lonchas y los berberechos. Cubrir con la otra mitad de masa estirada, cerrar los bordes y pintar con huevo. Hornear a 190 °C durante 15 minutos.

PRESENTACIÓN

Dejar enfriar la empanada y trocearla en porciones. Se puede acompañar de una salsa de tomate casera y ligera.

REVUELTO DE FRUTOS SECOS Y PASTEL DE MARISCO

50 min

4

No

No

INGREDIENTES

200 g de gambones
100 g de langostinos
100 g de gulas
20 g de pasas
30 g de nueces
1 vaso de leche
7 huevos
1 manojo de tomillo
Finas hierbas
Aceite
Sal

ELABORACIÓN

Pelar el marisco y trocear su carne en lonchas gruesas. Saltearlo junto con los frutos secos en una sartén con aceite hasta dorar. Agregar las gulas y mantener todo durante 3 minutos a fuego medio.

Aparte, batir 3 huevos, la leche y las finas hierbas. Sazonar con sal.

Parte del sofrito anterior se repartirá en moldes individuales de flan. Rellenar con la mezcla anterior y hornear al baño María durante 25 minutos a 170 °C.

Un momento antes de servir el revuelto, cascaremos los otros 4 de huevos sobre la sartén con el resto de sofrito. Agregar sal y sin parar de mover, dejaremos que se cuajen los huevos.

Desmoldar los pasteles de marisco y cortar a la mitad.

PRESENTACIÓN

Servir el revuelto acompañado por el pastel de marisco caliente.

Los revueltos deben servirse siempre bien calientes y nada más cocinados, garantizando así que el huevo llegue a la mesa cuajado, pero jugoso y brillante.

ENSALADA DE PIMIENTOS ASADOS Y QUESO CARAMELIZADO

25 min

4

No

Recipiente de plástico

INGREDIENTES

200 g de langostinos cocidos
150 g de queso de cabra
40 g de azúcar
2 pimientos rojos asados
1 lechuga de hoja de roble
1 bote de maíz dulce
1 cucharada de mermelada de frambuesa
Aceite
Vinagre
Orégano
Sal

ELABORACIÓN

Deshojar la lechuga y lavarla en agua fría. Escurrir.

Mezclar los langostinos cocidos pelados y troceados.

Cortar los pimientos asados en tiras finas.

Cortar en dados el queso y repartir el azúcar sobre cada dado. Dicho azúcar se caramelizará con ayuda de un soplete o plancha caliente.

Para la salsa vinagreta: batir la mermelada con el vinagre, el orégano, la sal y el aceite hasta emulsionar. Debe resultar espesa.

PRESENTACIÓN

Servir en una fuente o plato amplio, colocando en primer lugar las hojas de lechuga, el maíz y los langostinos. Rodeando poner los pimientos asados y el queso caramelizado. Salsear justo antes de servir.

OSSOBUCO ESTOFADO

1 hora

4

3 meses

Recipiente de plástico

INGREDIENTES

4 trozos de morcillo con hueso
2 cebollas
2 zanahorias
1 puerro
4 tomates
3 dientes de ajo
1 manojo de perejil
200 g de pasta fresca
1 vaso de vino blanco
1 vaso de caldo de ternera
Queso rallado
Aceite
Laurel
Harina
Orégano
Pimienta molida
Sal

ELABORACIÓN

Salpimentar los trozos de ossobuco, enharinarlos y dorarlos por ambos lados en un recipiente amplio con algo de aceite. Una vez dorado, retirarlo y reservar. En ese mismo aceite sofreiremos las cebollas y el puerro —lavados antes— picados finamente.

Cuando empiecen a tomar color, agregar las zanahorias peladas y cortadas en lonchas, el laurel y los tomates pelados y triturados. Rehogar todo durante 10 minutos. Regar con el vino blanco y el caldo de ternera. Sumergir los trozos de ossobuco y cocer en olla de presión durante 20 minutos.

Aparte, hervir la pasta en agua con sal durante 2 minutos, escurrir y saltear en una sartén con los ajos laminados y el orégano. Mantener durante 5 minutos y espolvorear el queso rallado.

PRESENTACIÓN

Servir el ossobuco tierno con la salsa de la cocción y guarnecer con la pasta salteada bien caliente.

PASTEL DE PESCADILLA Y BACALAO CON SALSA ALIOLI

1 hora

6

2 meses

Recipiente de plástico

INGREDIENTES

2 filetes de pescadilla
2 filetes de bacalao fresco
5 huevos
1 vaso de nata líquida
½ vaso de leche
4 cucharadas de salsa de tomate
1 puerro
1 calabacín
1 diente de ajo
1 yema de huevo
Aceite
Mantequilla
Orégano
Sal

ELABORACIÓN

Limpiar el puerro, retirando las hojas verdes y la raíz. Trocear finamente y rehogar en un recipiente junto con el calabacín cortado en dados sin pelar. Una vez dorados añadir los pescados cortados en tiras finas sin espinas ni piel. Mantener todo durante 5 minutos a fuego medio.

Aparte, mezclar la nata, la leche y los huevos. Batir y sazonar con sal y orégano. Juntar la mezcla anterior con el sofrito y triturar con la batidora. Añadir poco a poco la salsa de tomate.

Rellenar un molde rectangular previamente engrasado con mantequilla y hornear al baño María a 170 °C durante 35 minutos aproximadamente.

Para la salsa alioli: machacar en un mortero el ajo con la yema de huevo hasta obtener una pasta homogénea. Agregar el aceite a chorro fino sin dejar de golpear con el brazo del mortero. La salsa debe ser consistente.

PRESENTACIÓN

Dejar enfriar el pastel, desmoldar y cortar en porciones gruesas.

Se podrá servir frío o caliente junto con la salsa.

COCIDO DE GARBANZOS Y VERDURAS PROVENZALES

1 hora

4

3 meses

Recipiente de plástico

INGREDIENTES

300 g de garbanzos
200 g de judías verdes
100 g de calabaza
300 g de lacón cocido
50 g de chorizo
1 cebolla
3 tomates
2 zanahorias
1 punta de jamón
Aceite
Tomillo
Laurel
Sal

ELABORACIÓN

Poner los garbanzos en remojo la víspera con agua tibia y sal. Cocer desde agua caliente junto con el lacón, el laurel, la punta de jamón y el chorizo. Cocinar en olla de presión, durante 25 minutos o 75 minutos en cocción tradicional.

Aparte, sofreír la cebolla en una sartén con algo de aceite. Cuando empiece a tomar color añadir las judías y las zanahorias cortados en pequeñas lonchas o dados. Rehogar todo durante 12 minutos.

A continuación, incorporar los tomates pelados y triturados, el tomillo y la calabaza troceada. Sazonar y mantener todo durante 10 minutos más.

Mezclar el cocido con los productos cárnicos troceados junto con el sofrito de verduras.

PRESENTACIÓN

Dejar reposar el cocido durante 10 minutos y servir bien caliente en un plato hondo o en cazuela de barro.

ENTRECOTE A LA PLANCHA CON CREMA DE JENGIBRE

20 min

4

3 meses

Recipiente de plástico

INGREDIENTES

4 entrecotes
3 pimientos rojos asados
2 chalotas
8 granos de pimienta verde
20 g de jengibre
1 vaso de nata
2 dientes de ajo
Aceite
Sal

ELABORACIÓN

Pelar y picar finamente los ajos y sofreírlos en una sartén con aceite. Una vez dorados, añadir los pimientos rojos asados cortados en tiras.

Para la salsa: pochar las chalotas cortadas en dados pequeños. Cuando estén tiernas poner el jengibre en lonchas y la pimienta, regar con la nata y sazonar con sal. Dejar reducir durante 5 minutos.

Por último, dorar los entrecotes a la plancha muy caliente. Fuera del fuego agregaremos la sal.

PRESENTACIÓN

Servir el entrecote nada más terminar su cocinado, salsear con la crema de jengibre y acompañar con los pimientos bien calientes.

LENTEJAS CON CALAMARES AL VINO BLANCO

45 min

4

2 meses

Recipiente de plástico

INGREDIENTES

300 g de lentejas
400 g de anillas de calamar
1 cebolla
2 zanahorias
4 dientes de ajo
1 manojo de perejil
1 rama de tomillo
1 vaso de vino blanco
Aceite
Pimentón dulce
Sal

ELABORACIÓN

Poner a cocer las lentejas partiendo de agua fría, junto con la cebolla y las zanahorias cortadas en dados, además de la rama de tomillo.

Pelar y cortar los ajos en láminas. Sofreírlos en una sartén con aceite hasta dorar, incorporar las anillas de calamar troceadas y el perejil picado. Dejar dorar, agregar el pimentón y regar con el vino blanco. Cocer todo durante 5 minutos.

Una vez tiernas las lentejas, comprobar el punto de sal y mezclar con los calamares al vino blanco.

PRESENTACIÓN

Dar un hervor a la mezcla anterior y presentar en un plato amplio hondo bien caliente.

SALMÓN EN SALSA DE AZAFRÁN CON SETAS SALTEADAS

35 min

4

2 meses

Recipiente de plástico

INGREDIENTES

4 trozos de salmón fresco
400 g de setas
80 g de jamón curado
1 cebolla
1 granada
1 vaso de vino blanco
1 vaso de caldo de marisco
1 rama de tomillo
2 dientes de ajo
Aceite
Harina
Pimienta
Azafrán
Sal

ELABORACIÓN

Salpimentar los trozos de salmón y repartirlos en una bandeja de horno impregnada con algo de aceite. Hornear a 160 °C unos 10 minutos.

Para la salsa: picar la cebolla finamente y rehogarla. Cuando esté tierna, agregar una pizca de harina, el vino blanco, el azafrán molido y el caldo de marisco. Sazonar con sal y la rama de tomillo, y dejar reducir 10 minutos a fuego medio.

Una vez espesa repartir por encima los granos de la granada.

Saltear las setas con los ajos cortados en láminas finas y el jamón en dados pequeños. Cuando comiencen a dorarse, sazonar y retirar del fuego, evitando así su deshidratación.

PRESENTACIÓN

Servir el salmón nada más terminar su horneado —jugoso y caliente—, salsear con la salsa de azafrán y acompañar con las setas salteadas.

POLLO AL WHISKY

40 min

4

3 meses

Recipiente de plástico

INGREDIENTES

1 pollo mediano troceado
2 cebollas
1 calabacín
1 yema de huevo duro
20 g de piñones
2 peras
1 vaso de whisky
2 vasos de caldo de ave
1 manojo de perejil
3 dientes de ajo
Aceite
Harina
Sal

ELABORACIÓN

Comprar un pollo troceado y sazonarlo con sal, enharinarlo y dorar en un recipiente amplio con algo de aceite. Una vez dorado por ambos lados, agregar las cebollas peladas y cortadas en dados pequeños. Mantener a fuego medio durante 10 minutos.

Después incorporar el whisky. Dejar hervir y agregar el caldo de ave.

Aparte, dorar en una sartén los piñones y 2 dientes de ajo picados finamente. Machacarlos en un mortero con algo de perejil picado y agregar este majado al guiso de pollo. Cocer todo durante 20 minutos a fuego lento. Comprobar el punto de sal y retirar del fuego.

Pelar las peras y partirlas en dos o en gajos. Saltearlas junto con el diente de ajo restante y parte del perejil. Sazonar con sal y mantener a fuego medio hasta que resulten doradas y tiernas.

PRESENTACIÓN

Servir el pollo tras un breve reposado en la salsa de cocción acompañado por las peras al ajillo.

LENGUADO RELLENO CON CREMA DE GAMBAS

38 min

4

2 meses

Recipiente de plástico

INGREDIENTES

4 filetes de lenguado
100 g de gambas
6 chalotas
1 vaso de cava
1 vaso de leche
3 cucharadas de nata líquida
1 clara de huevo
4 pimientos del piquillo
2 patatas
1 calabacín
Aceite
Orégano
Sal

ELABORACIÓN

Golpear suavemente con una maza o espalmadera los filetes de lenguado para agrandarlos, sazonarlos con sal, cortar cada filete en dos mitades y reservar.

Aparte, triturar en una jarra de batidora las gambas, el orégano, la nata y la clara de huevo hasta obtener una mezcla homogénea. Extender la mezcla de gambas sobre cada mitad del filete de lenguado y cubrir con la otra mitad a modo de sándwich. Colocarlos en una bandeja de horno y regar con parte del cava, hornear a 160 °C durante 8 minutos aproximadamente.

Para la salsa: sofreír las chalotas picadas finamente con algo de aceite y los pimientos del piquillo asados cortados en dados. Una vez dorados agregar el resto del cava y dejar hervir 3 minutos. Por último, añadir la leche y sazonar con sal. Dejar que reduzca.

La guarnición se compondrá de bolitas hechas con la cucharilla vaciadora de las patatas y el calabacín, saltearlos en una sartén hasta que doren y resulten tiernos.

PRESENTACIÓN

Servir el lenguado nada más retirar del horno, echar por encima la salsa de cava y acompañar por las bolitas de patata y calabacín doradas y crujientes.

REVUELTO DE MORCILLA, NUECES Y PASAS

30 min

4

No

No

INGREDIENTES

6 huevos
1 morcilla de arroz o de cebolla
3 cebollas francesas
1 manojo de perejil
20 g de pasas
20 g de nueces
½ vaso de leche
Aceite
Ralladura de naranja
Sal

ELABORACIÓN

Pelar y picar finamente las cebollas, rehogarlas en una sartén junto a los frutos secos y la ralladura de naranja.

A continuación, agregar el perejil picado finamente y la morcilla desmigada. Mantener todo durante 6 minutos a fuego medio hasta dorar.

Agregar los huevos, la leche y sal. Remover bien hasta que empiece a cuajar.

Retirar y dejar reposar un minuto sobre la sartén.

PRESENTACIÓN

Servir el revuelto bien caliente acompañado de tomates cherry. Se puede tomar con tostas de pan crujiente.

PATATAS CON BACALAO Y PUERRO

50 min

4

No

Recipiente de plástico

INGREDIENTES

4 patatas
2 puerros
4 trozos de bacalao
2 pimientos verdes
4 dientes de ajo
300 g de almejas
Caldo de marisco
Aceite
Laurel
Azafrán
Sal

ELABORACIÓN

Desalar el bacalao en agua bien fría durante 24 horas. Cambiar de vez en cuando el agua. También se puede utilizar bacalao congelado al punto de sal.

Limpiar los puerros, retirando la raíz y las hojas verdes, trocear finamente y lavar. Rehogar junto con los pimientos troceados de igual forma. Cuando empiecen a tomar color, añadir las patatas peladas y troceadas en porciones de 3 centímetros aproximadamente.

Agregar el laurel y el azafrán molido en el mortero, cubrir con el caldo y cocer durante 30 minutos. Cuando las patatas estén tiernas, repartir el bacalao por encima. Tapar el recipiente y mantener 2 minutos más. Comprobar el punto de sal.

Aparte, en una sartén, echar los ajos laminados con el aceite. Una vez dorados, añadir las almejas y saltear hasta que se abran.

PRESENTACIÓN

Servir las patatas con las almejas salteadas por encima en una cazuela de barro o en un plato hondo.

HAMBURGUESAS DE GALLO Y MARISCO CON SALSA DE PIMIENTOS

35 min

4

2 meses

Recipiente de plástico

INGREDIENTES

250 g de gallo
200 g de salmón fresco
250 g de gambas
20 g de puré patata en polvo
1 clara de huevo
4 pimientos del piquillo
1 vaso de nata
2 manzanas
Aceite
Pimienta molida
Sal

ELABORACIÓN

Limpiar los pescados, retirando la piel y las espinas. Picar finamente en cuadraditos, juntar con las gambas peladas y troceadas de igual forma. Sazonar la mezcla de pescados y marisco con la sal y la pimienta, añadir la clara de huevo y el puré de patata. Trabajar la mezcla y dejar reposar unos minutos.

Formar hamburguesas y freír en la plancha por ambos lados.

En esa misma sartén dorar las manzanas peladas y cortadas en gajos durante 3 minutos.

Para la salsa de pimientos: cocer los pimientos del piquillo asados con la nata durante 5 minutos, salpimentar y triturar bien.

PRESENTACIÓN

Servir un plato salseado y en el centro disponer la hamburguesa, decorándola con los gajos de manzana dorados en la plancha.

PIMIENTOS RELLENOS DE ARROZ

1 hora

4

2 meses

Recipiente de plástico

INGREDIENTES

2 pimientos rojos
200 g de magro de cerdo
300 g de brécol
200 g de arroz
1 vaso de vino blanco
2 zanahorias
1 cebolla
2 dientes de ajo
1 rama de tomillo
2 hojas de laurel
Caldo de ave o de verduras
Aceite
Azafrán
Sal

ELABORACIÓN

Lavar los pimientos y cortar en dos mitades, manteniendo íntegro el tallo. Colocarlos en una bandeja de horno impregnada con aceite y repartir sobre cada mitad el laurel, el ajo y el vino blanco. Hornear durante 25 minutos a 160 °C.

Aparte, sofreír en una paella la cebolla y las zanahorias picadas finamente. Cuando empiecen a tomar color agregar el brécol en ramilletes y el magro. Rehogar todo durante 10 minutos. Añadir el arroz y mojar con el caldo hirviendo, sazonar con el azafrán y con la sal. Cocer durante 12 minutos.

PRESENTACIÓN

Servir los pimientos rellenos con el arroz bien caliente y salseado por el propio jugo liberado por los pimientos durante el asado.

LOMO ASADO CON CREMA DE CASTAÑAS

1 hora

4

3 meses

Recipiente de plástico

INGREDIENTES

700 g de lomo en un trozo
200 g de castañas
20 g de azúcar
1 cebolla
2 manzanas
2 patatas
1 pimiento rojo asado
1 vaso de vino de jerez
1 vaso de leche
1 manojo de cebollino
Pimienta molida
Sal

ELABORACIÓN

Sazonar el trozo de lomo con sal y pimienta y repartir por encima el azúcar.

Colocarlo en un bandeja de horno con una base de manzanas peladas y loncheadas junto con media cebolla troceada. Asar a 180 °C durante 30 minutos. Regar de vez en cuando con el vino de jerez.

Lavar las patatas, envolverlas en papel film y ponerlas en el microondas durante 10 minutos a potencia media.

Cocer las castañas peladas durante 12 minutos en agua con sal. Escurrir y reservar.

Abrir las patatas por la mitad y vaciarlas con la ayuda de una cuchara vaciadora. Pasar las castañas y el vaciado de las patatas por un pasapurés, mezclar bien y salpimentar. Rellenar las patatas con la crema.

Para la salsa: rehogar la otra mitad de la cebolla con el pimiento asado, regar con el jerez y hervir 4 minutos. Incorporar la leche y el cebollino, triturar y sazonar.

PRESENTACIÓN

Cortar finas lonchas del lomo y acompañar con la patata rellena con la crema de castañas y la salsa de pimientos triturada.

TRUCOS DE COCINA

TRUCOS DE COCINA

ALBÓNDIGAS DE PATATA Y SÉSAMO

Si te ha sobrado puré de patata espeso, no lo tires. Conviértelo en crujientes albóndigas.

Añade al puré de patata una yema de huevo, sal, pimienta molida y orégano. Con ayuda de harina forma pequeñas bolitas. Estas se pasarán por huevo batido y se impregnarán en semillas de sésamo tostado. Mantenlas unos minutos en el horno a 200 °C y sírvelas como guarnición de carnes y pescados.

APROVECHA LAS HOJAS VERDES DE LOS PUERROS

Habitualmente la raíz y las hojas verdes de los puerros se desechan o se tiran a la basura.

Siempre debemos sacar el máximo partido a todos los alimentos. Veamos a continuación dos trucos para emplear la parte verde del puerro.

1. Lava y trocea finamente las hojas del puerro, congélalas y las tendrás siempre a punto para elaborar tortillas y revueltos, rehogándolas previamente.
2. Lava y corta las hojas verdes del puerro en tiras muy finas, enharínalas y fríelas en aceite muy caliente. Sirve las tiras crujientes del puerro como guarnición.

APROVECHA LAS MAGDALENAS DURAS

En alguna ocasión se nos han puesto duras las magdalenas, sobre todo aquellas que quedan las últimas dentro de la bolsa.

Para sacar el máximo partido, incluso a estas magdalenas duras, debes cortarlas con un cuchillo de sierra en rebanadas finas. Sobre estas rebanadas pondremos un preparado salado —revuelto de morcilla, queso, jamón curado o paté—. Gratina un poco la mezcla y disfruta del contraste de sabores dulces y salados.

BERENJENAS FRITAS CON MENOS GRASA

La berenjena se caracteriza por ser una hortaliza que durante su fritura absorbe gran cantidad de aceite, quedando muy grasienta y, por supuesto, más calórica. Para evitar esto te proponemos:

1. Corta las berenjenas en finas lonchas que dejaremos unos minutos reposar en agua con sal —rebajando así su amargor.
2. Sécalas bien y pásalas por harina. Deben quedar recubiertas por una finísima capa.
3. Vuélvelas a mojar con agua y fríelas en aceite bien caliente —el agua formará una capa con la harina que evitará que absorba más aceite de la cuenta.
4. Sírvelas rápidamente para que lleguen crujientes a la mesa.

BROCHETAS PERFECTAS

Seguro que en alguna ocasión, preparando brochetas en la barbacoa, alguna que otra ha terminado con el palito de madera totalmente quemado o chamuscado. Evita esta situación con un sencillo gesto.

Introduce durante 2 minutos los palitos de madera en un recipiente con agua al microondas. El agua caliente empapará los palitos. A continuación ensarta en ellos los alimentos deseados. De esta forma conseguiremos palitos ignífugos.

CARAMELIZA PIMIENTOS

Cuando tengas en casa gran cantidad de pimientos y no sepas qué hacer con ellos, te animamos a que elabores una guarnición diferente.

Lava los pimientos y córtalos en tiras muy finas que rehogaremos con la mínima cantidad de aceite a fuego medio. Una vez tiernos, agrega una cucharada de azúcar por cada pimiento, sube el fuego al máximo y deja que se caramelice. Los pimientos tomarán un agradable sabor dulce.

CEREZAS BLANCAS

Si quieres saborear unos deliciosos bombones de chocolate blanco, debes derretir al baño María una tableta de chocolate blanco. Una vez fundido, baña las cerezas con rabito, y después depositalas sobre una rejilla. Así escurrirán el exceso de chocolate. Luego estas se meterán en la nevera hasta que la capa exterior de chocolate se endurezca. Sírvelas como postre o aperitivo dulce.

CHAMPIÑONES CRUDOS EN ENSALADA

Los champiñones no siempre deben estar cocinados. En el caso de platos fríos, como ensaladas, se convierten en un comodín de sabor y textura agradable.

Para servir los champiñones crudos, mantenlos durante 15 minutos en un bol, previamente lavados y laminados muy finos. Alíñalos con algo de aceite, vinagre, sal y azúcar. Así se macerarán y tomarán un original sabor.

CHIP DE ALBAHACA Y ESPINACAS

Lava hojas de albahaca y espinacas. Sécalas muy bien con papel de cocina. Prepara una sartén con aceite caliente y con mucho cuidado —ya que saltan— añádelas y deja que se frían.

Una vez crujientes deben reposar sobre papel de cocina para retirar el exceso de grasa. Emplea estas hojas para decorar ensaladas y platos de carne, pescado o marisco.

•••

CHIP DE MANZANA

Saborear un chip de manzana en una ensalada es un autentico placer.

Para conseguirlo, debes pelar manzanas starking y cortarlas en finas láminas. Repártelas en una bandeja de horno sobre un papel de cocina a 110 °C durante una hora. Así se deshidratarán sin quemarse, dando como resultado láminas dulces de manzana muy crujientes.

CONVIERTE EL ARROZ CON LECHE EN UN FLAN

La cocina nos da la posibilidad de alterar y modificar las elaboraciones, y así conseguir resultados de texturas, sabores y presentaciones diferentes.

En el caso del arroz con leche, se puede agregar durante la cocción 5 g de gelatina neutra en polvo por cada litro de leche. Una vez disuelta, rellena flaneras con una base de sirope de caramelo. Deja enfriar el arroz en la nevera, y al desmoldar podrás saborear flanes de arroz con leche.

•••

DNI DEL HUEVO

¿Alguna vez te has preguntado qué significado tiene esa ristra de números que traen impresos los huevos en su cáscara? Muy fácil, se trata del DNI del huevo.

Las dos primeras cifras nos marcan el tipo de cría de las gallinas ponedoras:

00: ecológicas
01: camperas
02: en suelo
03: en jaulas

Las letras hacen referencia al país de origen, ES = España.

Los dos números que siguen a las letras reflejan la provincia, 28 = Madrid.

Los tres siguientes números marcan el municipio. Los números finales, el número de la granja que ha producido los huevos. Por ejemplo, 00 ES 28 233 453.

ELABORA PAPEL DE QUESO

Al igual que el papel para escribir se compone de finas capas, el queso nos ayudará a fabricar un papel comestible para decorar ensaladas y platos elaborados.

Selecciona distintos quesos como emmenthal, cheddar o gouda, rállalos con ayuda de un rallador sobre un trozo de papel de horno. Hornea a 160 °C durante 10 minutos, de manera que todos los quesos se fundan creando una capa fina, deja enfriar y obtendrás pan de queso crujiente.

ELABORA UNA MOUSSE DE QUESO Y CAFÉ EN UN MINUTO

En no pocas ocasiones hemos tenido la necesidad de elaborar un postre rápido, resultón y rico para acompañar una comida o merienda. Por eso te damos esta idea fácil en la elaboración de postres.

Para 2 personas necesitas: 100 g de queso cremoso de untar, 2 cucharadas de café, 50 g de azúcar y una clara de huevo. Con todo ello haremos una *mousse*.

Bate la clara con una pizca de azúcar hasta obtener merengue. Luego mezcla el merengue con el queso, el resto del azúcar y el café.

Prepara copas de helado y rellénalas con esta sabrosa espuma de queso y café.

EVITA LA OXIDACIÓN DE LOS AGUACATES

El aguacate es una fruta que, una vez abierta, se oxida con facilidad, tomando un color marrón poco atractivo.

Para impedir esto, trocea el aguacate y antes de añadirlo a la ensalada, rocíalo con un triturado de aceite de oliva y ajo. Ambos alimentos crearán una capa fina que evitará que traspase el aire, garantizando así aguacates con su color inicial.

●●●

FABRICA PLATOS DE CHOCOLATE

Presentar frutas o dulces sobre un plato de chocolate es solo una forma de adornar la mesa y, por supuesto, hacer las frutas más atractivas. Si quieres fabricar tus propios platos de chocolate, tan solo debes fundir chocolate puro al baño María.

Aparte, infla un globo —los que utilizamos en los cumpleaños—, forra este con papel de film por la parte redondeada e imprégnalo de chocolate. Mételo en la nevera dándole la vuelta y deja enfriar hasta que el chocolate esté duro.

Pincha el globo, retira el papel de film y obtendrás un plato de chocolate.

●●●

GRANADAS DURANTE TODO EL AÑO

Las granadas nos visitan en otoño y rápidamente nos dicen adiós. Su fruto —pequeños granos rojos— es muy valorado para hacer ensaladas, postres y salsas.

En primer lugar recuerda que para obtener todos los granos sin necesidad de dejarte las uñas en el intento, debes cortar la granada en dos mitades y golpear la piel de ambas mitades con el mango de una cuchara o tenedor. De esta manera saldrán todos los granos sin problemas.

Después, envasa estos granos en pequeñas bolsitas y luego métetelas en el congelador. Así tendrás granada durante todo el año sin esperar al otoño.

HAMBURGUESAS MÁS SANAS

Las hamburguesas de ternera, cerdo o pollo son las más conocidas, pero si quieres ganar salud y, además, preparar el pescado de una forma apetecible, te animamos a que elabores hamburguesas de pescado.

Limpia y trocea en pequeñísimos dados a partes iguales pescado azul —salmón—, pescado blanco —pescadilla— y marisco —gambas.

Mezcla los pescados en un bol junto con un huevo, sal, pimienta y puré de patata en polvo. Amasa bien, y con ayuda de harina forma hamburguesas. Luego hazlas a la plancha, dorándolas por ambos lados. Sírvelas con una salsa de tomate o alioli.

HUEVOS AMARMOLADOS

Si quieres sorprender en la mesa con una original presentación te propongo que elabores la siguiente receta.

Pon a cocer huevos con agua y un par de bolsitas de té negro. Cuando hayan transcurrido 12 minutos y los huevos estén totalmente cocidos, golpéalos ligeramente con el mango de una cuchara o tenedor. De esta manera se filtrará el té entre las grietas de la cáscara. Déjalos reposar una hora en esta infusión y cuando los peles su aspecto será el mismo que el del mármol.

HUEVOS ESCALFADOS PERFECTOS

Para la elaboración de huevos escalfados necesitamos huevos muy frescos que se cascarán sobre un recipiente con agua a punto de ebullición a la que se añade sal y vinagre. Sin embargo, en algunas ocasiones el huevo no queda lo redondeado y perfecto que desearíamos.

Para evitar esto, te aconsejo que cortes un trozo de papel de film y lo dispongas sobre un cuenco pequeño, engrásalo con aceite y casca un huevo sobre dicho papel, haz un nudo atando los extremos del papel y sumerge este paquetito en agua hirviendo durante 4 minutos.

El papel resiste perfectamente la cocción y nos da como resultado un huevo escalfado perfecto.

HUEVOS FRITOS CRUJIENTES

Si realizásemos una encuesta sobre cómo les gusta a la gente los huevos fritos, habrá quien se decante por los muy hechos, otros por poco hechos y la mayoría preferirá la clara bien cuajada y la yema poco hecha para mojar pan.

Para conseguir este espectacular resultado debes separar la clara de la yema. Fríe en primer lugar la clara y cuando tome color coloca sobre ella la yema. Mantenla unos segundos al fuego y sirve bien caliente.

De esta manera siempre degustaremos huevos jugosos y cuajados.

HUEVOS REVUELTOS MÁS JUGOSOS

Consigue un revuelto jugoso y cremoso gracias al vapor desprendido por el agua.

Pon un recipiente con agua a cocer y sobre este dispón un bol con los huevos, sal y un chorrito de nata líquida. Bate la mezcla hasta que resulte cuajado.

En el momento que el huevo se solidifique y mantenga aún su brillo inicial será el punto idóneo de servirlo.

LAVAR EL FRESÓN CORRECTAMENTE

Sabrosos, aromáticos y dulces, sin duda son los mejores adjetivos que definen a los fresones, fruta que nos da un sinfín de elaboraciones, como mermeladas, ensaladas, macedonias o espumas.

No obstante, debemos cuidar al máximo su conservación. Cualquier fresón que venga golpeado hay que eliminarlo, ya que rápidamente estropearía a los demás. A la hora de su lavado se hará siempre con el pedúnculo, es decir, con las hojas, ya que si se retiran antes, se termina introduciendo agua en su interior provocando la pérdida de olor y sabor.

LIMPIAR TABLAS CON LIMÓN

El material de cocina debe estar especialmente limpio, desinfectado y sin olores. En ocasiones, determinados alimentos liberan gran olor y color sobre las tablas de cortar, más aún si estas son blancas.

Un truco para eliminar el color y el olor consiste en restregar la tabla de cortar con medio limón y dejar reposar unos minutos antes de su lavado con detergente. La acidez del limón desprenderá los malos olores y los colores.

MAÍZ TOSTADO POR PAN RALLADO

Si los gusanitos de maíz son populares, no digamos los granos de maíz tostados —kikos—. Por esto, a la hora de empanar un alimento vamos a cambiar el pan rallado por maíz tostado.

Machaca en un mortero los granos de maíz tostados hasta conseguir una molienda de los mismos. A continuación, ensarta en una brocheta langostinos o gambas peladas. Impregna el marisco con el maíz y fríelos en aceite muy caliente.

El placer del paladar está garantizado.

MANTENER LOS BOLES DE CRISTAL EN PERFECTO ESTADO

Nunca debemos descuidar la importancia que tiene el reciclado de papel, cristal, plásticos, etc. La mayor parte de estos productos se generan en la cocina. Precisamente, el rollo de cartón en el que viene el papel de film, aluminio o papel de celulosa se convierte en una herramienta para no rallar los boles de cristal.

Corta el rulo de cartón en lonchas finas con un cuchillo de sierra, obteniendo aros de cartón. Coloca estos aritos entre bol y bol, y así no se rallarán y no se encajarán entre ellos.

MANTEQUILLA DE MARISCO

Sabido es el uso de las cabezas de los mariscos para la elaboración de sustanciosos caldos para cocer arroces o patatas. Pero no solo podemos darles esta utilidad.

Rehoga las cabezas con mantequilla, machácalas en el mortero y cuela todo por un chino. Se filtrará mantequilla roja con todo el sabor del marisco.

La puedes utilizar para sofritos o canapés.

MARIQUITAS DE TOMATES CHERRY

Debemos buscar siempre que sea posible la forma más atractiva de cocinar la verdura para los más peques de la casa. Para ellos debe ser más un juego que una obligación.

Una rápida decoración consiste en cortar tomates cherry por la mitad. Sobre la piel de cada mitad coloca, con la ayuda de un manga pastelera, gotitas de mahonesa.

Por último, corta una aceituna negra o verde sin hueso por la mitad y únela en un extremo del tomate.

Habrás fabricado mariquitas, decoración ideal para ensaladas y platos fríos.

MEJILLONES EMPANADOS

La industria cada vez nos facilita más la vida, poniendo en el mercado productos precocinados o directamente cocinados. Tarea nuestra es sacar el máximo partido de esos alimentos.

Te propongo que en el caso de los mejillones cocidos envasados al vacío retires la carne de las valvas y las mantengas unos minutos sobre papel de cocina. Así eliminarán agua.

A continuación, ensarta el mejillón en la punta de una brocheta y empánalo —harina, huevo y pan rallado—. Calienta la freidora a 170 °C y sumerge las brochetas. Obtendrás mejillones crujientes, dorados y originales.

NO LLORES CON LA CEBOLLA

Cuando cortamos cebolla y nos ponemos a llorar sin parar, es debido a una enzima llamada alinasa que posee la cebolla. Para evitar llorar en exceso sin necesidad, te cuento tres trucos muy fáciles:

1. Mantén las cebollas en la nevera, cuanto más frías estén, menos llorarás.
2. Utiliza siempre cuchillos muy afilados. No es lo mismo machacar la cebolla con un cuchillo que corte poco que realizar un corte limpio con uno recién afilado.
3. Si tienes la posibilidad de cortar cebolla cerca de un lugar aireado, mejor que mejor.

NUBES MÁGICAS DULCES

Los niños y no tan niños disfrutan mucho degustando dulces nubes rosas, esponjosas y tiernas. Este tipo de nubes pueden ser elaboradas en casa.

Monta dos claras a punto de nieve junto con dos cucharadas de azúcar, consiguiendo un merengue muy consistente y espeso.

Aparte, hierve un vaso de agua con un sobre de gelatina de fresa, cuece hasta que reduzca a la mitad, deja que se temple y agrégalo poco a poco sobre el merengue.

No dejes de batir hasta que quede una mezcla homogénea. Vuelca todo en una bandeja engrasada con aceite y consérvalo en la nevera durante 2 horas. Trocea en rectángulos y rebózalos con azúcar.

PAN CONGELADO CRUJIENTE

Convierte el pan congelado en pan crujiente y dorado. Es bueno guardar alguna barra de pan congelada para evitar contratiempos ocasionales.

A la hora de recuperar ese pan tan solo debes encender el horno a 160 °C tanto arriba como abajo. Mezcla miel con algo de agua y pinta la barra de pan, hornéala y disfrutarás de un pan perfecto.

PASTILLAS DE CALDO CONCENTRADO CASERAS

Si te ha sobrado caldo de ternera, pescado o verduras, puedes emplearlo para elaborar tus propias pastillas de caldo concentrado, más sanas y ricas.

Rehoga con algo de aceite una cucharada de harina, añade un litro de caldo sobrante y con ayuda de una varilla remueve bien hasta disolver la harina.

Deja cocer el caldo hasta que reduzca al máximo —concentrado—, reparte esta reducción en una cubitera de hielo y congélalo.

Cuando sea necesario, utiliza tus propias pastillas de caldo.

PELA EL AJO SIN ESFUERZO

No te dejes las uñas a la hora de pelar los dientes de ajo. A veces, la piel está tan adherida a la carne que parece imposible retirarla. Para abreviar esta operación puedes emplear los siguientes trucos:

1. Introduce la cabeza o los dientes de ajo en el horno a 140 °C durante 5 minutos. La piel se secará al máximo y saldrá prácticamente sola.
2. Sumerge los ajos en agua tibia unos minutos. La piel se desprenderá sin problema.

3. Otro utensilio muy práctico es el rulo de silicona pelador de ajos. Se trata de un cilindro en el que se introducen los dientes de ajo y se hace girar, pelándose con facilidad.

PELAR CEBOLLITAS

Las cebollitas francesas son muy valoradas en la cocina por su suavidad y aroma que desprenden en sofritos y rehogados. El único pero que podemos sacar a dichas cebollitas es el tiempo que se pierde en pelarlas, ya que su piel viene muy adherida a la carne.

Para pelar muchas a la vez, realiza una incisión en la raíz y en el tallo de cada cebollita, sumérgelas en un bol con agua y ponlas 2 minutos al microondas.

La acción del calor y del agua ablandará la piel, separándose esta sin problema.

PEREJIL PARA TODO EL AÑO

Compra perejil fresco y lávalo, separa sus hojas y disponlas sobre un trozo de papel de aluminio o papel de horno. Enrolla este papel en forma de cilindro y mételo en el congelador.

Cada vez que necesites utilizar perejil, tan solo deberás cortar una porción de dicho cilindro, manteniendo siempre a punto el resto en el congelador.

PIMIENTOS ASADOS SIN HORNO

Si quieres conseguir pimientos rojos asados sin necesidad de utilizar el horno o de emplear una hora para su asado, puedes conseguirlo gracias a la olla de presión.

Mete en la olla de presión los pimientos rojos lavados con algo de ajo, laurel, aceite y sal. Cierra la olla y mantenla a fuego medio durante 14 minutos.

Los pimientos quedarán tiernos, dorados y con un toque muy especial.

PIZZA DE ARROZ SOBRANTE

Saca rendimiento al arroz guisado que te haya sobrado del día anterior —ya sea de paella, arroz caldoso o arroz blanco.

Coge una base de pizza y extiende sobre ella una fina capa de salsa de tomate, reparte los granos de arroz sobre el tomate y espolvorea con queso rallado y orégano.

Hornea a 180 °C durante 6 minutos y disfruta de una sana combinación.

ROCAS DE CHOCOLATE

Sorprende en la mesa con unas deliciosas rocas de chocolate.

Para su elaboración derrite una tableta de chocolate negro o blanco al baño María. Una vez fundido, agrega frutos secos, avena o trozos de galleta. Trabaja bien la mezcla y con ayuda de una cucharilla forma pequeños montoncitos sobre papel de horno. Métélos en la nevera y deja que se enfríen.

Los puedes servir como postre o merienda.

SAL DE JAMÓN

Fabricar sal de jamón en casa es rápido y fácil.

Coloca lonchas de jamón en un plato. Mételo al microondas durante 2 minutos a potencia media. El jamón deberá quedar totalmente deshidratado y duro.

Rómpelo y trocéalo en un mortero. Con la ayuda del brazo del mortero machácalo hasta convertirlo en sal roja de jamón.

Esta sal la puedes emplear para aliñar ensaladas.

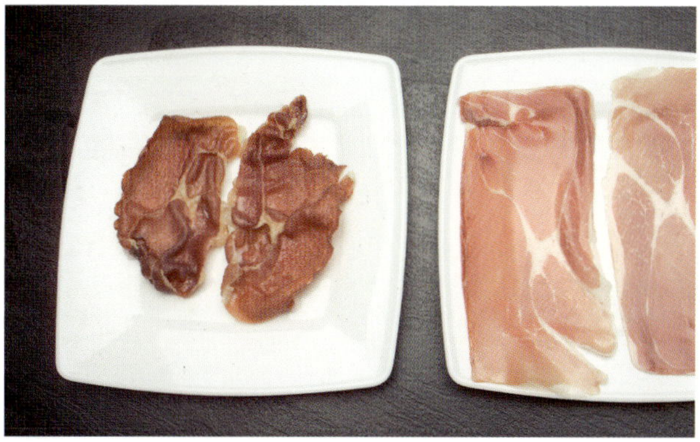

SANDWICHERA PARA HACER EMPANADILLAS

Utiliza la sandwichera no solo para elaborar sándwiches, sino también para dorar y cocinar empanadillas rellenas.

Compra obleas de empanadillas y rellénalas con bonito, jamón o marisco. Cierra las obleas y prensa los bordes con la ayuda de un tenedor.

Coloca las empanadillas en la sandwichera y cierra su tapa. Tras 4 minutos obtendrás empanadillas sin exceso de grasa muy crujientes y doradas.

SOPAS Y CALDOS CON MÁS COLOR

La gracia de un buen caldo es su sabor, olor y color. Esta elaboración sustanciosa a veces nos queda con un pálido tono poco apetecible. Para aumentar al máximo el color de los caldos tan solo debes dorar en el horno los huesos y las verduras que vayas a emplear para su elaboración.

Durante el proceso de cocción, los alimentos irán tiñendo el propio caldo.

SORBETE DE NARANJA Y CAVA EXPRÉS

Pensando en tantas celebraciones que tenemos a lo largo de la Navidad, no estaría mal servir en una de las comidas o cena un sorbete de naranja y cava.

Pela naranjas y congela sus gajos. Justo antes de servir el sorbete, debes triturar las naranjas congeladas con cava y algo de azúcar.

El resultado es un sabroso sorbete de naranja exprés.

TORRIJAS SIN FREÍR

Aunque las torrijas —deliciosas, por supuesto— no es uno de los postres menos calóricos que podemos saborear, sí es cierto que para su elaboración no es obligatoriamente necesario freírlas.

Una vez empapadas las rebanadas de pan en leche aromatizada con canela, piel de naranja y azúcar, rebózalas con huevo y repártelas sobre una bandeja con papel de horno.

Mantenlas 5 minutos a 200 °C con el grill conectado hasta que se doren y queden crujientes.

Sírvelas frías como postre salseadas con algo de leche.

TORTILLAS FRANCESAS MÁS ESPONJOSAS

Disfruta de las tortillas francesas más esponjosas que nunca antes hayas probado y con un color más atractivo.

Separa las yemas y las claras. Las primeras se batirán con una pizca de colorante de paella, mientras que las claras se removerán con varillas hasta que monten a punto de nieve.

Mezcla ambos ingredientes y cuaja exquisitas tortillas francesas.

•••

UN REBOZADO MUY ORIGINAL

Seguro que alguna vez has probado los populares y famosos ganchitos o gusanitos de maíz. Precisamente este conocido alimento nos ayudará a realizar un rebozado fuera de lo común con gran sabor y olor.

Antes de abrir la bolsa de gusanitos, pasa un rodillo varias veces por encima hasta conseguir polvo amarillo o naranja. A continuación, pasa por huevo batido alitas o filetes de pollo, impregnalas con este polvo y fríelas u hornéalas hasta quedar doradas.

Te sorprenderá su sabor.

USA EL SECADOR DE PELO EN LA COCINA

La conservación de alimentos requiere unas medidas especiales de higiene. Solamente así evitaremos que estos se estropeen. Para ello debemos estar provistos de buen material para envasar como recipientes de plástico, frascos, botes, etc.

En ocasiones lavamos escrupulosamente los frascos de cristal y los secamos, pero siempre queda alguna gota de agua en su interior que puede estropear productos como el arroz, la harina, el azúcar o la pasta.

Tras su lavado es interesante secarlos por dentro con la ayuda de un secador de pelo, así garantizaremos su total higiene y secado.

USA GALLETAS PARA EMPANAR

En algunas ocasiones los niños no toman pescado debido al fuerte olor y sabor que desprenden algunas especies durante su cocinado. Hay que decir que debemos introducir a los más pequeños pescados blancos hasta que se habitúen a ello.

También podemos modificar su sabor cambiando el pan rallado del empanado por galletas maría molidas con la ayuda de un rodillo. Con este polvo de galleta rebozaremos los filetes de pescado. Así durante el cocinado, su olor será más agradable y su sabor se tornará dulzón, haciendo las delicias de los peques de la casa.

• • •

USA LA FRUTA MADURA EN VINAGRETAS

Las frutas como fresones, mangos, kiwis o plátanos tienden a madurar en exceso, pero por este motivo no vamos a menospreciarlas o a tirarlas.

Mezcla en la jarra de la batidora un vaso de aceite de oliva, 3 cucharadas de vinagre, sal, pimienta molida y la fruta troceada.

Tritura bien con la batidora y obtendrás una salsa vinagreta muy ligera.

VINAGRE MÁS SUAVE

Para aquellas personas que no soportan el vinagre como aliño de ensaladas y platos fríos debido a su elevada acidez, proponemos con este truco convertir los vinagres en un alimento más suave.

En una frasca de vinagre, agrega una manzana en gajos y una cuchara de azúcar, deja reposar al menos una semana y la fruta suavizará el sabor del vinagre.

YEMAS DE SANTA TERESA SIN HUEVO

Aunque parezca una contradicción, es posible elaborar yemas de Santa Teresa sin huevo.

Tan solo debes hervir 200 g de calabaza con 50 g de azúcar y 40 g de maicena, además de medio vaso de agua. Cuece durante 10 minutos. Tritura la mezcla y deja enfriar en la nevera por completo.

Con la ayuda de azúcar glas forma pequeñas bolitas, sírvelas en cápsulas de bombones y disfrutarás de un postre ligero y sabroso.

ESCUELA DE COCINA

TUS SALSAS PREFERIDAS

SALSA BECHAMEL

Se caracteriza por llevar como ingrediente principal la leche, que se espesa con una mezcla de harina y grasa. En función del resultado que deseemos obtener, variaremos sus cantidades por cada litro de leche. Elaboraremos:

Salsa bechamel para salsear alimentos

1 l de leche
40 g de mantequilla
40 g de harina
Pimienta blanca molida
Nuez moscada
Sal

Salsa bechamel para croquetas

1 l de leche
130 g de mantequilla
130 g de harina
Pimienta blanca molida
Nuez moscada
Sal

En ambas recetas debemos rehogar unos minutos la mantequilla con la harina a fuego lento. A continuación, agregaremos la leche en frío para evitar grumos, y con ayuda de una varilla, removeremos hasta obtener una salsa espesa y homogénea.

Sazonar con sal, pimienta y nuez moscada al final de la cocción.

En el caso de la bechamel para croquetas, debemos dejar cocer hasta que la propia salsa se despegue de las paredes del recipiente. Añadiremos jamón, pollo cocido o gambas. Dejar enfriar y moldear las croquetas que irán empanadas.

SALSA MAHONESA

Se trata de una emulsión conseguida a base de batir entre el agua y la grasa, dando como resultado una textura cremosa y consistente.

Esta salsa forma parte de la gran familia de salsas frías. Para su elaboración emplearemos:

1 yema de huevo
(se puede utilizar el huevo entero)
1 vaso de aceite de oliva o girasol
Unas gotas de vinagre o de limón
Sal

En primer lugar debemos batir la yema o el huevo con la batidora para que coja algo de aire. Acto seguido agregaremos poco a poco el aceite en forma de chorro fino, sin dejar de batir.

Cuando empiece a dar síntomas de que empieza a montar, añadiremos las gotas de vinagre y la sal. Debemos continuar batiendo hasta que resulte consistente.

Podemos obtener una serie de salsas derivadas de la mahonesa. Para ello incorporaremos los siguientes ingredientes:

Salsa rosa

Salsa mahonesa con tomate kétchup, zumo de naranja, unas gotas de coñac, pimienta molida y un poco de tabasco.

Salsa tártara

Salsa mahonesa con un picadillo de cebolla, pepinillos, perejil y huevo duro.

Salsa mahonesa al azafrán

Consiste en agregar en la elaboración de la mahonesa unas hebras de azafrán tostadas en el horno y molidas en el mortero con algo de sal, obteniendo polvo rojo que incorporaremos a la salsa dando como resultado más color y sabor.

Salsa alioli

La salsa alioli es otra elaboración en frío y sigue los pasos de la mahonesa. Tras una emulsión obtenemos una textura y cremosidad ideal. Para su elaboración utilizaremos:

1 diente de ajo
1 vaso de aceite de oliva
1 yema de huevo (opcional)
Sal

Machacaremos el ajo en el mortero junto con la sal hasta obtener una papilla. Poco a poco agregaremos el aceite en forma de chorro fino sin dejar de golpear con el brazo del mortero hasta obtener una salsa de gran sabor, olor y con una consistencia firme.

Como opción puede agregarse junto con el ajo la yema de huevo, facilitando así su emulsión.

SALSA ROQUEFORT

Es una salsa en cuya elaboración se emplea nata como ingrediente principal, además de utilizarse como espesante. Los ingredientes son:

1 vaso de nata líquida
2 chalotas
20 g de mantequilla
100 g de queso azul
Pimienta blanca molida
Sal

Picar finamente las chalotas y rehogarlas con la mantequilla hasta que estén tiernas.

Añadir la nata y el queso en dados pequeños. Cocer durante 10 minutos a fuego lento sin dejar de remover. Debe resultar espesa. Sazonar con sal y pimienta al final de la cocción.

Esta salsa puede emplearse para salsear carnes a la plancha.

SALSA A LA PIMIENTA

Salsa similar a la de roquefort, donde la nata es el ingrediente principal que ayudará a espesar dicha salsa. Necesitamos:

1 vaso de nata líquida
½ cebolla
½ vaso de coñac
2 cucharadas de caldo de carne
10 granos de pimienta negra, blanca o verde
20 g de mantequilla
Sal

Picar finamente la cebolla y rehogar en un recipiente con la mantequilla y los granos de pimienta. Una vez la cebolla esté tierna, añadiremos el coñac y el caldo de carne. Dejaremos reducir durante 4 minutos.

Añadir la nata y hervir hasta que la salsa espese. Sazonar con sal.

Se utiliza para salsear carnes.

SALSA DE TOMATE

Este tipo de salsa se obtiene tras un proceso de cocinado de diferentes hortalizas. Tras la evaporación del agua que aportan las mismas, la salsa reducirá y espesará. Los ingredientes para la salsa de tomate son:

8 tomates maduros
1 cebolla
2 dientes de ajo
1 hoja de laurel
Azúcar
Aceite
Sal

Escaldar los tomates en agua hirviendo y pelar. Picarlos finamente y reservar. Sofreír en primer lugar los ajos troceados con el aceite. Cuando empiecen a tomar color, agregaremos la cebolla cortada en dados junto con el laurel. Mantener 10 minutos a fuego medio.

Una vez esté tierna la cebolla, añadiremos el tomate. Lo dejaremos cocer durante 20 minutos sin dejar de remover. Sazonar con la sal y el azúcar.

Retirar la hoja de laurel, triturar con la batidora y colar por el chino.

SALSA ITALIANA

Agregaremos a la salsa de tomate un salteado de cebolla, jamón curado, champiñón y finas hierbas.

SALSA VINAGRETA

La vinagreta es una de las salsas más populares y que más empleamos para aliñar ensaladas, platos fríos y guarniciones. En su elaboración utilizaremos:

1 vaso de aceite de oliva
2 cucharadas de vinagre
Una pizca de azúcar
Pimienta blanca molida
Sal

Debemos disolver en un recipiente la sal, la pimienta y el azúcar con el vinagre.

Agregaremos poco a poco el aceite sin dejar de batir con una varilla. Una vez espesa la salsa se agregará sobre el alimento a salsear. La adición del azúcar rebajará la acidez del vinagre.

Salsa vinagreta verde

Consiste en incorporar a la vinagreta anterior perejil, cebollino y albahaca.

Triturar con la batidora y salsear.

SALSAS CARAMELIZADAS

Se trata de salsas en las que el empleo del azúcar nos aportará sabor, color y ayudará a espesar.

Salsa al vino tinto

100 g de azúcar
2 vasos de vino tinto
½ vaso de caldo de carne
Unas gotas de limón
Pimienta molida
Sal

Añadir el azúcar en una sartén con unas gotas de limón, mantener a fuego medio hasta que caramelice, es decir, hasta que tome un color rubio. Agregar el caldo y el vino tinto. Dejar cocer durante 12 minutos sin dejar de remover hasta que el azúcar se funda y espese. Salpimentar y servir caliente.

Esta salsa será perfecta para carnes o pescados a la plancha.

Salsa de frambuesa

100 g de azúcar
50 g de frambuesas
2 vasos de jerez dulce
Menta fresca
Unas gotas de limón
Sal

Añadir el azúcar en una sartén junto con el zumo de limón.

Cuando el azúcar esté caramelizado —hasta que esté dorado—, añadiremos las frambuesas, dejando que se impregnen con el caramelo.

Regar con el vino de jerez dulce y espolvorear con la menta picada. Dejar espesar durante 12 minutos y sazonar con la sal.

Se utiliza para salsear carnes y pescados.

COCINA PRÁCTICA

En este capítulo recorreremos las técnicas más empleadas día a día en la cocina. Te ayudaremos a mejorarlas o, simplemente, a recordarlas. Conseguirás así un mejor resultado tras su elaboración.

Métodos de cocinado

LA FRITURA

Esta técnica de cocinado consiste en poner en contacto un alimento con una grasa caliente —preferentemente aceite de oliva—, dejando que dicho alimento se cocine en ella.

Dentro de este método diferenciaremos frituras con poca grasa y con mucha grasa.

FRITURA CON POCA GRASA

Proceso en el cual se cocinará un alimento con la mínima cantidad de grasa:

Salteado: Los alimentos son sometidos durante pocos minutos a altas temperaturas en una sartén o similar con unas gotas de aceite sin dejar de mover.

Fritura con poca grasa: Empleo de una sartén o un recipiente similar para freír alimentos como carnes, pescados o huevos. La temperatura elevada provocará que la grasa empleada dore el alimento exteriormente.

FRITURA CON MUCHA GRASA

Este apartado hace alusión al proceso de sumergir un alimento en abundante grasa caliente. En función de la temperatura de la grasa podremos obtener:

Pochado: La grasa no deberá superar los 130 °C aproximadamente, de manera que el alimento quedará tierno interna y externamente, absorbiendo mayor cantidad de grasa y sin llegar a coger color.

Fritura: La grasa deberá permanecer en torno a los 180 °C —evitando que sobrepase dicha temperatura— de manera que caramelice exteriormente el alimento, resultando dorado y crujiente, manteniendo así sus fluidos en el interior del alimento.

EL ASADO

Esta técnica consiste en introducir un alimento en un recipiente a alta temperatura —en el horno— donde por mediación del calentamiento del aire se obtienen alimentos cocinados, tiernos en su interior y dorados en su exterior.

Dentro del asado, diferenciaremos los más empleados:

Asados en seco: Se trata de introducir un alimento crudo en el horno previamente caliente con algo de grasa —aceite de oliva, manteca o mantequilla—. Durante el proceso de asado u horneado se podrá regar con algo de agua o de vino, obteniendo un jugo denominado glasa.

El alimento debe resultar dorado y crujiente por fuera y jugoso y tierno en su interior.

Asados con líquido: Técnica similar a la anterior en la cual también debemos introducir el alimento con el horno previamente caliente. La diferencia principal es que en este cocinado agregaremos mayor cantidad de líquido —vino, caldo o agua—, dejando que se deposite en la bandeja. Da como resultado alimentos menos dorados en el exterior.

Asados al baño María: Determinadas elaboraciones como los pasteles —tanto dulces como salados— agradecen un horneado sobre un recipiente con agua.

El agua garantizará un horneado constante sin dejar que los alimentos se quemen.

Asados a la sal: Se trata de introducir un alimento en el horno previamente caliente, recubierto de una capa de sal fina o gruesa mezclada con agua o clara de huevo. La concentración de calor en el interior de la sal da como resultado alimentos muy jugosos, sabrosos y poco dorados. Esta técnica se puede emplear para pescados, pollo y cordero.

LA COCCIÓN EN AGUA

Una de las formas de cocinado más utilizadas, y que consiste en transformar un alimento crudo en otro totalmente cocinado tras ser sumergido en un medio líquido caliente.

Dentro de la cocción en agua diferenciaremos:

Cocción por concentración: Es el que se emplea cuando sumergimos un alimento en agua hirviendo, garantizando así que en el alimento se coagulen las proteínas. Todos sus jugos quedan en el interior del mismo.

En el caso de las verduras, debemos cocinarlas por concentración, es decir, añadiéndolas en agua hirviendo para que mantengan más sabor en su interior y un color más vivo.

Cocción por expansión: Con esta técnica conseguimos el efecto contrario del anterior. Si añadimos un alimento en un medio líquido frío, el elemento perderá parte de sus fluidos, quedando estos en el agua.

Un ejemplo claro son los caldos sustanciosos donde ponemos los huesos y las verduras a cocer desde agua fría para que liberen más sabor.

A LA PLANCHA

Consiste en colocar un género sobre una plancha de acero, generalmente antiadherente, con algo de grasa. Dicha plancha deberá permanecer caliente para coagular rápidamente la proteína de los alimentos y así dorar por fuera, respetando los jugos internos.

Evitaremos cocinar sobre planchas templadas, ya que la temperatura del propio alimento enfriará totalmente la plancha perdiendo así fluidos y sabores.

AL VAPOR

Es una de las formas más sanas de cocinar, por la conservación de nutrientes que mantiene este proceso.

Consiste en disponer un alimento —verduras, pescado o marisco— sobre una rejilla o vaporera que se sitúa sobre un recipiente con agua hirviendo y tapado. La acción del calor hará que el agua se evapore cocinando totalmente el alimento.

Sencillas preelaboraciones

Antes de cocinar determinados alimentos, y sobre todo aquellos que se elaboran en fritura, solemos pasarlos por harina, huevo o pan rallado. En todas las técnicas, los alimentos deben ir siempre sazonados previamente.

Para conseguir un resultado de primera debemos tener en cuenta:

EL ENHARINADO

Pasar un género por harina. Debe resultar una fina capa de harina a su alrededor y así evitar que se rompa durante la fritura.

Es importante no dejar reposar nunca el alimento sobre la harina, ya que puede impregnarse más del doble de harina y, por tanto, la fritura sería menos sana.

Golpearemos todo enharinado con las manos o con la ayuda de un colador, eliminando el exceso de la misma.

EL REBOZADO

En esta técnica conservamos los pasos empleados en el enharinado y una vez impregnado el alimento con harina se pasará por huevo batido.

Es importante escurrir bien el exceso de huevo y freír acto seguido a su rebozo.

Podemos añadir azafrán o colorante de paellas al huevo, obteniendo mucho más color.

EL EMPANADO

Es la fase final que sufre un alimento que previamente ha pasado por harina y huevo, para terminar recubierto de pan rallado o miga de pan fresca rallada.

El empanado se puede mejorar o perfeccionar añadiéndole finas hierbas, pimentón dulce o ajo en polvo.

Los cuchillos

Mantener en tu cocina un buen conjunto de cuchillos será indispensable para obtener un perfecto resultado en la preelaboración y preparación de alimentos. Los esenciales son:

CEBOLLERO

Cuchillo empleado para cortar verduras, carnes y pescados. Muy afilado con una dimensión media de 24-26 centímetros.

PUNTILLA

Pequeño cuchillo muy afilado utilizado principalmente para pelar, cortar o decorar pequeñas piezas como frutas o verduras.

ECONÓMICO O PELADOR

Pequeño utensilio empleado para pelar perfectamente patatas, zanahorias, nabos y frutas en general.

CUCHILLO DE SIERRA

Cuchillo con filo irregular en forma de zigzag, empleado para cortar pan y masas de bollería.

Para mantener siempre a punto los cuchillos debemos seguir los siguientes consejos:

1. Evitar introducirlos en líquidos a alta temperatura; así el filo cortará más.
2. Evitar trocear con ellos huesos o partes duras, impidiendo así que se melle el filo.
3. Conservar en el interior de una funda, protegiendo su filo y evitando cortes inesperados.
4. Pasarlos de vez en cuando por el afilador o chaira.

El buen cuchillo debe estar siempre a punto.

Los caldos

Se trata de elaboraciones líquidas, en las cuales han cocido por tiempo prolongado distintos alimentos, liberando sustancias que aportarán gran sabor, color y olor.

Dichos caldos sustanciosos se emplean posteriormente para hacer sopas, cremas o salsas. Estos caldos se dividen en distintos grupos:

BLANCO

Su elaboración conlleva la cocción durante 2 o 3 horas. Huesos de ternera o de pollo con cebolla, zanahoria, apio y puerro se aromatizará con hierbas como el tomillo, el perejil o el laurel.

Una vez hervido se sazonará, colará y conservará.

Dicho caldo blanco podrá permanecer 3 o 4 días en nevera y hasta 3 meses congelado.

OSCURO

Se elabora siguiendo los pasos del caldo blanco, pero previamente los ingrediente se tostarán en el horno antes de su cocinado, así liberarán más color y sabor. Además, se podrá agregar algo de tomate natural o vino tinto para reforzar el color.

La conservación será exactamente igual que la del caldo blanco.

FUMET

Consiste en hervir desde agua fría durante 30 minutos, espinas y cabezas de pescados blanco —evitaremos los azules por su fuerte sabor—. Dichos restos de pescado se acompañarán de verduras como puerro, zanahoria, apio, cebolla y hierbas aromáticas como el laurel o el perejil. La adición de zumo de limón dará un sabor agradable.

Una vez hervido el caldo de pescado se colará y se dejará enfriar antes de conservar en la nevera.

No permanecerá refrigerado más de 2 o 3 días y congelado no superará los 2 meses.

Los espesantes

Se entiende por espesante el producto natural o preparado que hace espesar y aportar textura determinada a elaboraciones liquidas como cremas, sopas o salsas.

Los espesantes que más utilizamos en la cocina son:

FÉCULA DE PATATA

Aporta un sabor muy suave sin llegar a modificar el sabor de la elaboración principal. Se puede encontrar deshidratada en polvo, siendo muy fácil su empleo. Es ideal para cremas de verduras y ave.

HARINA DE TRIGO

Se emplea previamente rehogada con una grasa —mantequilla o aceite— antes de mezclar con el líquido que queramos espesar. Muy utilizada para salsas densas, como la bechamel.

HARINA DE MAÍZ REFINADA

Es fácil de emplear; tan solo es necesario diluirla en un líquido frío para evitar grumos y tras una breve cocción espesará medios líquidos.

Este tipo de harina es aconsejable para salsas ligeras como a la pimienta o al vino blanco por aportar un sabor ligero y espesar con rapidez.

YEMA DE HUEVO

La yema de huevo —cruda o cocida— ayuda a dar cuerpo y textura, tanto en un majado o añadiendo la yema batida y manteniéndola a 70 °C aproximadamente.

La yema cocida se pude utilizar en potajes, mientras que la yema batida suele agregarse justo al final de la cocción de salsas suaves, evitando así que se cuaje.

PAN FRITO

Es popular el empleo de pan frito en majados para determinadas elaboraciones, aportando sabor, color y, por supuesto, espesando la salsa de dichas elaboraciones. Aunque es un aporte extra de calorías, determinadas salsas para pescado suelen llevar en su elaboración algo de pan frito.

El sazonamiento de los alimentos

Existen varias formas de aportar sabor a los alimentos, ya sea antes de su cocinado —maceración—, durante el cocinado o al final de este. El método de cocinado empleado o la combinación de distintas especias hacen que un plato adquiera uno u otro sabor.

Hay una serie de alimentos naturales que por su naturaleza aportarán aroma, color y, por supuesto, sabor. Pero antes de ver las especias y tipos de sales, es importante saber y tener en cuenta lo siguiente:

1. Los alimentos que van enharinados, empanados o rebozados se sazonaran antes de su cocinado.
2. Los alimentos que se preparan en la plancha o sartén se sazonarán una vez cocinados.
3. Las salsas o guisos que van a reducir y, por tanto, a evaporar líquido se sazonarán al final de su elaboración.
4. Los platos que aporten ingredientes como bacalao en salazón o jamón curado se sazonarán con especial cuidado para no aumentar en exceso el sabor.

Algunos de los alimentos que obtenemos de la naturaleza para dar sabor a las comidas son:

SAL

Roca mineral procedente de la evaporación del agua. No solo aporta sabor, sino que se utiliza como conservante natural.

Su consumo debe ser moderado. Hay distintas variedades: entre ellas se encuentran la sal gorda en pequeños granos, la sal refinada en polvo o la sal Maldon en finas escamas.

PIMIENTA

Se trata de granos o bayas redondas de pequeño tamaño. Varía su color en función del punto de maduración y recogida. En el mercado encontramos pimienta verde, pimienta negra, pimienta blanca y pimienta rosa.

La mejor forma de utilizarla es molerla justo antes de su empleo. Aporta más sabor y aroma al alimento. La pimienta es aliada para reducir la dosis de sal.

PIMENTÓN

Polvo rojo obtenido de la molienda de pimientos rojos secos. Se encuentra picante, dulce y agridulce —combinación de ambos.

Debemos tener mucho cuidado en su empleo, ya que tiende a quemarse con facilidad. La mejor manera de extraer su sabor consiste en calentar aceite en una sartén, y cuando esté ya caliente, retirarlo del fuego. Es entonces cuando se añadirá el pimentón. A continuación, se mezclará con la elaboración deseada.

AZAFRÁN

Se emplean los estigmas de la flor del azafrán. Muy valorado por su gran sabor, color y olor. Es aconsejable tostar ligeramente dichos estigmas en el horno durante unos segundos para molerlo posteriormente en el mortero con algo de sal. Así se saca mucho más rendimiento.

NUEZ MOSCADA

Semilla del tamaño de la aceituna. Tras su secado se muele y se emplea para salsas, cremas, etc.

CLAVO

Especia de fuerte olor y sabor y de pequeño tamaño —con forma similar a un clavo—. Se utiliza principalmente para aromatizar caldos, asados y adobos.

CANELA

Corteza marrón seca que se emplea tanto entera como molida. Generalmente hace su presencia en repostería, aunque determinados guisos salados agradecen un toque dulzón de dicha especia.

VAINILLA

La vainilla es una vaina negra empleada en la aromatización de cremas dulces, aprovechando las pequeñas semillas que contiene en su interior.

•••

TÉRMINOS CULINARIOS

Los términos culinarios son imprescindibles, pues cada uno de ellos encierra una técnica diferente. Por dicho motivo, las recetas y elaboraciones están llenas de terminologías gastronómicas. Repasaremos aquí las palabras más comunes:

Aderezar: sinónimo de sazonar. Agregar especias o sal sobre un género para potenciar su sabor.

Al dente: punto de cocción para la pasta que manifiesta su terneza exterior y algo enteras interiormente.

Albardar: envolver un alimento, generalmente carnes con tiras finas de beicon o tocino durante su asado o cocinado.

Almíbar: mezcla de agua y azúcar, que tras su cocción tomará una u otra densidad. Su empleo es principalmente en repostería.

Amasar: trabajar con las manos una masa hasta que resulte una mezcla homogénea.

Asustar: incorporar agua fría o hielos a una cocción, paralizando de forma brusca su cocinado.

Atemperar: templar un alimento caliente antes de su posterior utilización.

Biberón: utensilio cilíndrico con boquilla que se emplea para decorar y dosificar salsas.

Blanquear: hervir ligeramente determinados alimentos para rebajar su amargor, sabor o color.

Bridar: atar una pieza de ave, cerdo o ternera generalmente con hilo bramante para su asado posterior, de manera que quede con una mejor presentación.

Brunoise: tipo de corte realizado en hortalizas, siendo este en pequeños dados utilizados para rehogar en guisos y salsas.

Clavetear: introducir clavos de olor sobre una cebolla o similar para aromatizar caldos y sopas.

Confitar: cocinar un alimento sumergido en aceite a baja temperatura durante un periodo de tiempo prolongado.

Desalar: consiste en sumergir un alimento en agua fría por espacio de tiempo prolongado para que pierda la sal.

Desglasar: recuperar por la adición de vino el jugo o la glasa adherido en una bandeja o placa de horno.

Emborrachar: humedecer bizcochos con un almíbar para que resulten más jugosos y sabrosos.

Escaldar: mantener unos segundos un alimento sumergido en agua hirviendo para facilitar su pelado o para quitar el amargor.

Escalfar: breve cocinado en agua a punto de hervir.

Espalmar: golpear un género ligeramente con espalmadera o maza para que quede más fino y presentable.

Espumar: retirar con la ayuda de una espumadera la espuma o impurezas que libera un cocinado en sus primeros minutos de cocción.

Gratinar: dorar ligeramente un preparado mediante el uso del grill.

Guarnecer: acompañar un alimento principal con una guarnición, enriqueciendo así el plato en cuanto a sabor, color y presentación.

Infusionar: mantener un alimento aromático reposando en agua a punto de hervir, dando más sabor y olor.

Juliana: corta en forma de tiras finas y largas.

Lascas: pequeñas y finas láminas que se obtienen de distintos alimentos.

Ligar: espesar un preparado líquido por la adicción de espesantes.

Majar: machacar diferentes alimentos en un mortero con la ayuda del brazo del mortero.

Mechar: introducir tiras de beicon o tocino con la aguja mechadora en el interior de una carne para su posterior asado, ayudando así a que resulte más tierna y jugosa.

Montar: batir enérgicamente con la ayuda de varilla alimentos como huevo o nata, consiguiendo mayor volumen y consistencia.

Napar: añadir, salsear o cubrir un alimento con una salsa espesa, debiendo esta permanecer en parte sobre el alimento.

Panadera: corte que se realiza a las patatas en lonchas de 4 milímetros aproximadamente.

Pintar: extender una fina capa de huevo, agua o almíbar con ayuda de un pincel o brocha.

Reducir: hervir un preparado de manera prolongada hasta que evapore parte del líquido, quedando más espeso y concentrado.

Refrescar: enfriar un género previamente cocinado con agua fría.

Rehogar: cocinar un género a fuego lento con poca grasa hasta que resulte tierno.

Salsear: cubrir un alimento cocinado con una salsa.

Tamizar: pasar por un tamiz o colador fino alimentos como la harina para evitar grumos y retirar impurezas.

Trabar: espesar una elaboración líquida como sopa o salsas mediante el empleo de espesantes como la harina o la patata.

Trinchar: cortar piezas de carne asadas con ayuda de un cuchillo.

MARILÓ EN LA COCINA

Detrás de cada plato hay una historia personal. Entre los ingredientes que se escogen para preparar una comida siempre hay otro que es el que le da el alma al plato: ese es el anecdotario. Cuando le sirvan la comida que ha hecho quien la haya cocinado, observe cómo está montada e imagínese el espíritu que hay entre los alimentos. Para descubrir su secreto debe preguntar cómo le ha ido al cocinero la elaboración y, si tiene habilidad de sonsacarle la experiencia, descubrirá grandes historias. Se cocina en soledad o en comunidad, pero siempre hay una historia por descubrir.

En este anecdotario le desvelamos los enredos que vivimos durante la preparación de las recetas, que en la mayoría de los casos son aventuras hilarantes. Cocinar es una auténtica experiencia, merecedora de compartir entre la familia y los amigos. Desde que se hace la compra hasta que termina la digestión. Buen apetito.

Levadura

Al comenzar el nuevo programa me entró la bendita manía de catar casi todos los ingredientes que Sergio presentaba para hacer las recetas. ¡Hombre, no lo hacía cuando presentaba el cuarto trasero de un cerdo, pero sí con alimentos pequeños! Canibalismos, los mínimos.

El gusto es otra forma de ver las cosas. Cuando señalaba a la audiencia uno por uno los ingredientes para que tomaran nota, pasó por algo a lo que él llamó «levadura». Me sorprendí y sentí cierta alegría al verme por primera vez cara a cara con ella, por lo que me entró la necesidad imperiosa de conocer personalmente su sabor. Lancé mi mano sobre esta, en plancha. Agarré el trozo entero, cuyo tamaño correspondía a cuatro piezas de Avecrem. Sergio, que seguía con sus explicaciones, se percató de que la articulación de mi codo dirigía mi mano hasta el interior de mi boca, por lo que se abalanzó sobre mí para evitar que me inflara como un Panettone gigante. Gracias a él sigo en mi talla.

Dedos fritos

Esta es la historia de unos dedos fritos: los míos. Había una vez una pequeña olla llena de un hermoso líquido verdoso. Oro líquido le llamamos. Sergio explicaba el detalle de la fritura. Así que me explicó cómo rebozar el pescado mientras él avanzaba otros pasos del plato. Enhariné y rebocé con mimo el pescado para echarlo a la olla de aceite. Observé que el líquido estaba quietecito. La verdad es que no delataba ningún signo vital que me hiciera sospechar un inminente ataque. Ni corta ni perezosa, cogí con mis deditos el pedazo de pescado para introducirlo con sumo cuidado en el interior de la olla llena de aceite, metiendo los dedos hasta el fondo del recipiente. Me escaldé la mano entera y lo que grité aún corre como la pólvora por YouTube. A Sergio se le salieron los ojos de las órbitas tratando de buscar una explicación a semejante ineptitud.

Valvas de mejillón

La receta era algo así como «Mejillones rellenos de cosas ricas». Sergio me iba dando las instrucciones sobre cómo debía picar los ingredientes para empezar con los sofritos para la masa del relleno. Al poco rato, el puchero emanaba un olor que nos despertó un apetito voraz. Terminada la delicia, Sergio dictaba a los mañaneros el siguiente paso: rellenar el mejillón.

Me dijo que cogiera las valvas. ¡Asustada, le miré, tratando de traducir en sus ojos qué era eso! Sobre la encimera no había nada, puesto que ya me había encargado yo de limpiarlo todo para que se viera una pulcritud suprema en la cocina. «¿¡Las valvas?!?», pregunté, mientras un sudor frío me recorrió la médula espinal. «¿No las habrás tirado a la basura?», espetó, mientras una sonrisa pérfida se dibujó en la comisura de sus labios. En efecto, las «conchas» estaban en el fondo del cubo de la basura. «¿Y cómo pretendes "re-lle-nar" los mejillones, Mariló?». Sergio es un maestro, por lo que resolvió, a ritmo de directo y con solvencia, aquel escarnio. De milagro le quedaban mejillones que había desechado en origen por su pequeño tamaño.

Flotador de berenjenas

Cocinar y charlar es lo que más me gusta. Hay alimentos que te provocan. Son valentones, como la berenjena. Su fisonomía es voluptuosa, su piel suave y ligera de peso. Sergio me pidió que las partiera en dos para cocerlas. Así lo hice, pero cuando las metí en la olla llena de agua hirviendo, la berenjena no se hundía, por lo que pensé que la cocción era imposible de esa manera. Me lie a sujetar la mitad de la berenjena con el dedo para que no reflotara, pero ella era más rebelde que yo. Se me ocurrió decirle a Sergio que podía hacer para su niño una canana de berenjenas como flotador para el verano y así no se hundiría jamás. Sergio aderezó ese día el plato con lágrimas de risa.

El señor Garbanzo

Mi pobre hija aún me sufre. Se le aprieta la cara cuando se acercan las horas de ingesta y estamos solas ante el peligro. Me envalentoné a la hora de la cena queriendo lucirme ante ella con una sopa. Como a ella le parecía insuficiente que solo tuviera fideos, me vine arriba y le eché un puñao de garbanzos. Abrí el armario, vi una bolsa y, conforme hervía la sopa, los eché por lo alto. Un par de vueltas, dos hervores más y listo. Se lo planté en la mesa con todo mi amor y vi que se la iba comiendo sin más comentarios. En su cachete se empezaron a dibujar una serie de bultitos. Nos miramos. Le pregunté si estaba rica la sopa. Ella me contestó que sí, pero que los garbanzos estaban muy duros.

Al día siguiente le comenté a Sergio lo ocurrido porque no conseguía entender por qué me quedaron los garbanzos duros. Cuando Sergio me preguntó si eran de bolsa o de bote, caí de inmediato. ¡Ah! ¿Había que ponerlos en remojo?

Lentejas y más lentejas

El fin de semana era el tiempo ideal para hacer uno de los platos de Sergio. Como me sedujeron las lentejas, fui al mercado, lista en mano, para comprar todos los ingredientes. Incluso lo llame por teléfono, para repasar, por si me faltaba algo. Llegué a la cocina y, arremangada, despaché a todo el mundo. Quería estar sola. Piqué todo, alineé los ingredientes y abrí la web rtve.es/lamañanadela1 para seguir los pasos. Todo lo hice bien, pero algo me falló, porque las lentejas se iban hinchando hasta desbordarse fuera del puchero. Sobrepasada por la situación, empecé a sacar del barco a miles de lentejas que se habían subido a bordo sin billete. ¡No cabía más gente en esa olla, por Dios! ¡Qué cantidad de lentejas! Aquella olla parecía un palomitero. Al final, y sin que nadie se diera cuenta. Traté de equilibrar agua y lentejas para el disimulo general. ¡Chico!, se las comieron echando treinta y tres piropos. ¡Ole!

El innombrable

Sabiendo cómo somos de malandrines los que cocinamos en «La mañana de La 1», en contraste con la excelsa y bien hablada Televisión Española, poner para guisar «nabos» es una auténtica provocación. Sin que Sergio terminara de presentar todos los ingredientes, en cuanto pasó por el nabo nos entró un ataque de risa que precisamente por tener que controlar a lo largo de treinta minutos nos dejó extenuados. El insostenible disimulo contagió a otras audiencias mediáticas. Bienaventurada la risa compartida.

Vaya empanada

Sergio me cedió el honor de pintar la empanada con los colores de la bandera de España por aquello de que coincidía el plato guisado con la celebración del Mundial de Fútbol. Cogí la brocha y los dos mejunjes para colorearla: uno colorao y otro amarillo. En fin, que las leyes de Murphy me persiguen. En vez de pintar la bandera a lo ancho, pinté la empanada en vertical. ¡Ups! Menos mal que no fue presagio de nada...

¿De qué parte del animal es el añojo?

Vamos a ver: ¿a qué suena «añojo» cuando lo pronuncias? Pues a un año viejecito o un año chiquitico, ¿no? Sergio explicaba que íbamos a cocinar añojo. Hay veces que sufro de incontinencia verbal y, en lugar de quedarme calladita, ese día pregunté, para variar, metiendo la pata hasta el corvejón. Sergio presentó el añojo, y yo, cortando su discurso y para hacerme la lista de que todo el mundo entendiera qué era el añojo, le pregunté: «¿De qué parte y de qué bicho es eso?». A Sergio se le partió el pescuezo al mirarme, una vez más espantado ante la ocurrencia. En fin, que añojo es el bicho mismo en su mismidad. Un vacuno de una añito de edad con una carne muy sabrosa. Ole.

¿Dónde están los ingredientes?

Sergio cocina en directo, con las complicaciones que eso conlleva. Tenemos que ser útiles, prácticos, eficaces, higiénicos y un largo etcétera. Nuestra cocina es como la de una casa. Cocinamos en tiempo real. En menos de media hora, Sergio debe resolver un plato de principio a fin. Exposición de ingredientes, enseñar cómo se pica, preparar las salsas, los sofritos o lo que ese día haya dispuesto. La cocción se realiza en directo, así como la presentación del plato. Entenderán que es un trabajo muy diferente a otros cocineros que graban sus programas, en los que cuentan con el apoyo de profesionales para la fabricación del plato. Sergio está solo y, encima, con una torpe en la cocina que, en vez de adelantar, le frena la elaboración. Es el caso de cuando a ritmo de directo Sergio quiere echar mano del siguiente ingrediente que por arte de magia ha desaparecido de la encimera de la cocina donde él lo había puesto. Somos víctimas de querer mantener una imagen de absoluta pulcritud en la cocina, ya que si la vitrocerámica está manchada de harina u otros restos de alimentos, en casa da sensación de rechazo. Así, en mi obsesión por tenerlo todo limpio, le voy retirando ingredientes que luego tenemos que rescatar a toda prisa de la alacena. No se cómo lo hace, pero Sergio subsiste a todo con un sonrisa. Quizá sea para desahogarse para lo que se haya apuntado al gimnasio, para descargar adrenalina.

Cascadas del Niágara

Así de simple ocurrió. Sergio me pidió que exprimiera con la licuadora una serie de frutas que utilizaríamos como un ingrediente más para el plato del día. Hice lo que me pidió, licuando toda la fruta que había a mi alcance. Sergio clavó la vista en la licuadora, desde donde yo atendía sus directrices la mar de orgullosa. Me faltaba pavonearme por lo bien que lo estaba haciendo. Sergio, sin inmutarse más, levantó las cejas con la intención de señalarme que había olvidado poner el vaso para recoger el zumo que llevaba preparando varios minutos. La encimera era una auténtica piscina.

Invertir los ingredientes

Cada alimento necesita su tiempo de cocción o fritura. Por eso es importante echarlos en un orden concreto. No es que yo sea una rebelde, es que, además de estar atenta a lo que Sergio me dice y mientras me concentro en la respuesta sobre nutrición que Ana hace a un mañanero o en los mails que responde el Ciudadano García, además tengo en mi oído izquierdo el pinganillo con el que mis compañeros me marcan los tiempos desde el control o me cantan las llamadas que recibimos. El caso es que hay veces que tengo tantas cosas en la cabeza que voy con el piloto automático y todo me rebota en la cabeza, cual pelota a Federer tirada por Nadal. Como dijo la poetisa, «me desordenas mi amor, me desordenas».

Picar y repicar

Si algo me llevaré de la escuela de Sergio es la manera de picar. He aprendido muchas cosas, pero, picando, arraso. Parece que me hayan injertado un berbiquí en la muñeca. Podría dedicarme a hacer exhibiciones en giras por los pueblos de España para mostrar cómo pico a la juliana o a la bromage. Sucede a veces que un alumno aventajado desoye a su maestro cuando este le pide que pique de una manera y lo hace de otra. Parece que no tiene mayor importancia, pero sí afecta al plato cortar un trozo grande a uno chico. A Sergio le he destrozado más de un plato para el que él tenía previsto que pasara casi desapercibida la cebolla, por lo que me requirió que la cortara a la bromage. La corté a la juliana, que son filamentos largos de cebolla imposibles de hacer desaparecer. Cortar en un arte y la clave del éxito del cocinado.

Ajo cocido, ajo comido

¿Y yo, por qué tengo que comer un ajo?